Gestão escolar e organização do trabalho pedagógico na educação inclusiva

SÉRIE PRESSUPOSTOS DA EDUCAÇÃO ESPECIAL

Gestão escolar e organização do trabalho pedagógico na educação inclusiva

Mönica Caetano Vieira

Maria Aparecida da Silva

Rua Clara Vendramin, 58 . Mossunguê . CEP 81200-170 . Curitiba . PR . Brasil
Fone: (41) 2106-4170 . www.intersaberes.com . editora@intersaberes.com

Conselho editorial
Dr. Alexandre Coutinho Pagliarini
Drª Elena Godoy
Dr. Neri dos Santos
Dr. Ulf Gregor Baranow

Editora-chefe
Lindsay Azambuja

Gerente editorial
Ariadne Nunes Wenger

Assistente editorial
Daniela Viroli Pereira Pinto

Preparação de originais
Ana Maria Ziccardi

Edição de texto
Arte e Texto
Monique Francis Fagundes Gonçalves

Capa e projeto gráfico
Bruno Palma e Silva (design)
pticelov (imagem de capa)

Diagramação
Rafael Ramos Zanellato

Designer responsável
Iná Trigo

Iconografia
Regina Clauda Cruz Prestes
Sandra Lopis da Silveira

Dados Internacionais de Catalogação na Publicação (CIP)
(Câmara Brasileira do Livro, SP, Brasil)

Vieira, Mônica Caetano
  Gestão escolar e organização do trabalho pedagógico na educação inclusiva/ Mônica Caetano Vieira, Maria Aparecida da Silva. Curitiba: InterSaberes, 2022.
(Série Pressupostos da Educação Especial).

  Bibliografia.
  ISBN 978-65-5517-172-3

  1. Avaliação educacional 2. Democratização da educação 3. Educação inclusiva 4. Escolas – Organização e administração 5. Inovações educacionais 6. Prática de ensino 7. Tecnologia educacional I. Silva, Maria Aparecida da. II. Título. III. Série.

22-104354   CDD-371.9

Índices para catálogo sistemático:
1. Gestão escolar: Educação inclusiva   371.9
            Cibele Maria Dias – Bibliotecária – CRB-8/9427

1ª edição, 2022.

Foi feito o depósito legal.

Informamos que é de inteira responsabilidade das autoras a emissão de conceitos.

Nenhuma parte desta publicação poderá ser reproduzida por qualquer meio ou forma sem a prévia autorização da Editora InterSaberes.

A violação dos direitos autorais é crime estabelecido na Lei n. 9.610/1998 e punido pelo art. 184 do Código Penal.

Sumário

7 *Apresentação*
11 *Como aproveitar ao máximo este livro*

Capítulo 1
15 **Concepção de sociedade e a dualidade exclusão-inclusão**
17 1.1 A origem da instituição escolar e as funções da educação
25 1.2 A construção (continuada) da escola inclusiva
65 1.3 Alguns percalços para efetivação de práticas inclusivas: entre o legal e o real

Capítulo 2
77 **Gestão escolar e democracia: algumas considerações para a gestão inclusiva**
79 2.1 O desafio perante a descontinuidade das políticas comprometidas com os direitos humanos
80 2.2 Um começo de conversa sobre gestão democrática e inclusão

Capítulo 3
97 **O exercício da democracia na escola: o papel dos órgãos colegiados**
112 3.1 Os órgãos colegiados e o aprendizado da democracia

Capítulo 4
129 **Organização do trabalho pedagógico na escola inclusiva**
131 4.1 Organização do trabalho pedagógico e gestão escolar: algumas concepções
135 4.2 Organização do trabalho pedagógico e a inclusão
145 4.3 Atendimento educacional especializado

Capítulo 5
175 **Relação família-escola na organização escolar**
176 5.1 A família e suas configurações
187 5.2 A importante relação família-escola

Capítulo 6
205 **Acessibilidade e qualidade de ensino**
206 6.1 Acessibilidade na legislação brasileira
218 6.2 Acessibilidade na educação

245 *Considerações finais*
251 *Lista de siglas*
253 *Referências*
277 *Bibliografia comentada*
281 *Respostas*
287 *Sobre as autoras*

Apresentação

> O mundo é salvo todos os dias por pequenos gestos. Diminutos, invisíveis. O mundo é salvo pelo avesso da importância. Pelo antônimo da evidência. O mundo é salvo por um olhar. Que envolve e afaga. Abarca. Resgata. Reconhece. Salva. Inclui. (Brum, 2006, p. 22)

Iniciamos este livro com um olhar sobre a totalidade na qual se insere a educação e alguns de seus processos, como: a instituição, as pessoas que convivem no ambiente escolar, a gestão, a organização do trabalho pedagógico, entre tantos outros fatores que, sem dúvida, são determinados pelas relações mais amplas. Entretanto, nós, eu e você, somos também parte dessa totalidade. Coincide com o que lemos na citação anterior: nossos "pequenos" gestos, nosso olhar atento e cuidadoso, nosso compromisso com a vida, por meio de uma atuação profissional competente, podem transformar vidas no ambiente educacional.

Se você é gestor, professor, pedagogo, funcionário ou assume outras funções na instituição educacional, certamente, tem belas histórias de "olhares" que transformaram a vida de alguém – olhares que incluem!

Ao considerar que somos seres também contraditórios, então, nosso olhar nem sempre é inclusivo. Portanto, decorre daí a necessidade de nos reconstruirmos, estudando, dialogando e exercitando a empatia, porque é fundamental ouvir o outro – principalmente quando assumimos funções que exigem a tomada de decisões que interferem na vida de outras pessoas, como é o caso dos gestores, nas suas diferentes instâncias de atuação. No contexto da prática cotidiana, observamos vários exemplos de exclusão em nossa sociedade, o que nos mostra que essa sociedade não se apresenta de forma harmônica.

Nossa pretensão, ao escrever este livro, é suscitar reflexões acerca do movimento pela inclusão das pessoas com deficiência[1], transtornos globais do desenvolvimento e altas habilidades/superdotação enfatizando os desdobramentos desse movimento ao longo do tempo, inclusive no que diz respeito à legislação brasileira, a fim de facilitar a compreensão do que ainda precisa ser feito para que a inclusão se concretize em nossa sociedade e, em especial, no espaço da escola, foco principal deste livro.

No Capítulo 1, procuramos discutir a dualidade estrutural inerente ao modo de produção capitalista, por meio do qual há sempre os movimentos contraditórios de conservação e de transformação, de exclusão e de inclusão. Fizemos um breve resgate histórico, contextualizando a sociedade de classes e a origem da escola, bem como seu papel para a consolidação desse modo de produção. Também abordamos a concepção ampla de educação, ou seja, a educação na sua função de construção do ser social, evidenciando que é por meio dos processos educativos que somos inseridos na vida em sociedade. Isso nos remete à ideia de que, embora a educação escolar seja a forma dominante de educação, esta não se limita ao modelo escolar,

---

[1] No decorrer do texto, a terminologia para nos referirmos às pessoas com deficiência será empregada conforme o contexto histórico-político a que se referem os documentos ou estudos. Enfatizamos que a terminologia atualmente empregada é *pessoa com deficiência, transtornos globais do desenvolvimento e altas habilidades/superdotação*.

pois está presente em diferentes contextos. Historicamente, a educação existe antes da divisão da sociedade em classes, razão porque afirmamos que sua função social extrapola os interesses que permeiam o modo de produção capitalista, sendo a formação humana a relevância do trabalho educativo (Saviani; Duarte, 2012).

Os conceitos de inclusão escolar e de equidade também são apresentados nesse capítulo com base em contribuições de pesquisadores que analisam a temática. No que se refere ao marco legal acerca da educação especial e inclusiva, apresentamos uma breve abordagem de declarações e acordos internacionais e parcela da legislação nacional, estabelecendo um "diálogo" com essa legislação, no sentido de refletir sobre como se apresenta a concepção de inclusão nesses documentos. Sendo assim, algumas leis serão abordadas em mais de um momento, conforme o aspecto a ser analisado ou discutido.

No Capítulo 2, refletimos sobre a relação entre gestão escolar e democracia. Abordamos a relação entre democracia, direitos humanos e inclusão como elementos indissociáveis, portanto precisam estar presentes no projeto e nas ações cotidianas das instituições educacionais. Nesse capítulo, são apresentados princípios que devem guiar as ações dos gestores públicos em qualquer área de atuação, bem como sua importância para estabelecer uma unidade, sem perder a visão para a diversidade que compõe os grupos humanos.

No Capítulo 3, tratamos dos órgãos colegiados como mecanismos fundamentais para a efetivar as práticas de gestão democrática. Expusemos a contribuição do Conselho Municipal de Educação (CME) de Curitiba, que, ao publicar a indicação que trata dos Princípios Norteadores para a Gestão Democrática nas Instituições de Educação e Ensino (CME/CGS

n. 01/2014), contempla os princípios que podem guiar as ações dos gestores no ambiente educacional na direção do cumprimento da função principal da escola e do interesse público (Curitiba, 2014).

No Capítulo 4, estabelecemos a relação entre concepções de gestão escolar e a organização do trabalho pedagógico como elementos imbricados. Abordamos a importância da formação continuada para professores e a ação dos professores especializados. Embora tenhamos consciência das controvérsias acerca da formação de professores generalistas ou especialistas para a educação especial e inclusiva, entendemos que esse é um tema que merece estudos específicos para aprofundamento.

No Capítulo 5, tratamos da relação família e escola por meio de uma abordagem histórica sobre o conceito de família, que se modificou significativamente no decorrer da história, em vista das transformações de caráter econômico, cultural e social, o que impactou na legislação brasileira sobre o tema, exigindo da educação também novas abordagens.

No Capítulo 6, abordamos a acessibilidade com base na legislação que contempla o tema. A acessibilidade, nas suas diversas dimensões, é requisito importante para a garantia do direito à educação, por isso, apesar de termos conquistado alguns avanços na sociedade em geral, ainda temos muito a percorrer no que diz respeito à acessibilidade nos espaços voltados para a educação e no processo de ensino e de aprendizagem.

E, por falar em diversidade, embora o texto não contemple uma linguagem plural em termos de gênero, nosso diálogo é com todas as pessoas que se interessam pelo tema aqui exposto. Por fim, em relação à diversidade humana, somos sempre aprendizes. Nós, no momento, autoras, e vocês, leitores!

Como aproveitar ao máximo este livro

Empregamos nesta obra recursos que visam enriquecer seu aprendizado, facilitar a compreensão dos conteúdos e tornar a leitura mais dinâmica. Conheça a seguir cada uma dessas ferramentas e saiba como elas estão distribuídas no decorrer deste livro para bem aproveitá-las.

Introdução do capítulo

Logo na abertura do capítulo, informamos os temas de estudo e os objetivos de aprendizagem que serão nele abrangidos, fazendo considerações preliminares sobre as temáticas em foco.

Síntese

Ao final de cada capítulo, relacionamos as principais informações nele abordadas a fim de que você avalie as conclusões a que chegou, confirmando-as ou redefinindo-as.

Atividades de autoavaliação

Apresentamos estas questões objetivas para que você verifique o grau de assimilação dos conceitos examinados, motivando-se a progredir em seus estudos.

Atividades de aprendizagem

Aqui apresentamos questões que aproximam conhecimentos teóricos e práticos a fim de que você analise criticamente determinado assunto.

Bibliografia comentada

Nesta seção, comentamos algumas obras de referência para o estudo dos temas examinados ao longo do livro.

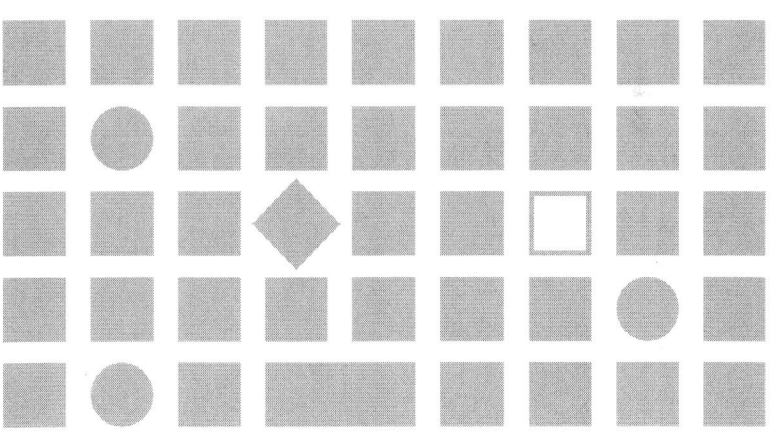

Capítulo 1
Concepção de sociedade e a dualidade exclusão-inclusão

Maria Aparecida da Silva

O movimento pela inclusão não está restrito à educação, pois faz parte de um movimento mais amplo, reivindicado por diferentes grupos sociais excluídos na sociedade, entre eles, as pessoas com deficiência, transtornos globais do desenvolvimento e altas habilidades/superdotação.

Na prática cotidiana, observamos vários exemplos de exclusão, o que indica que a sociedade não se apresenta de forma igualitária quanto ao acesso a bens e serviços produzidos pela coletividade. Estudos na área da sociologia, com base em diferentes visões teóricas, indicam a presença de grupos com forças contraditórias[1] que, no campo da disputa, contraditoriamente, possibilitam também avanços sociais, fazendo com que a sociedade apresente movimentos de exclusão e de inclusão constantes (Brasil, 2008b).

Essa disputa é uma construção histórica, portanto humana, de uma sociedade desigual, que ainda não distribui seus bens materiais e culturais de forma igualitária.

Por um lado, uma sociedade com forças opostas produz, inevitavelmente, exclusão; por outro, movimentos que exigem a inclusão dos grupos que foram preteridos.

Na história do capitalismo, a dualidade inclusão/exclusão (Kuenzer, 2005) é característica marcante. Os processos de

---

[1] *Forças contraditórias* é expressão que advém do termo *contradição*, que pode ser explicado da seguinte forma: na contradição, "os contrários opõem-se e se impregnam mutuamente" (Cury, 1986, p. 32), ou seja, de maneira concomitante, se apõem e se atraem. Por exemplo: Na sociedade de classes, exclusão e inclusão são opostos, mas o movimento para reivindicar a inclusão dos grupos excluídos é o que viabiliza a inclusão. Sem esse movimento, sem essa tensão entre os opostos, nesse modelo de sociedade, não haveria avanços.

inclusão, entretanto, serão efetivados à medida que a sociedade avança na compreensão sobre a diversidade humana e, ainda, conforme se distribui a riqueza produzida nessa sociedade. "Da mesma forma, os conceitos de direito, justiça, educação etc. – o conjunto de ideias de cada sociedade – são adequados à fase de desenvolvimento econômico atingido por essa sociedade" (Huberman, 1986, p. 224).

Como parte dessa sociedade, a área da educação tanto pode intensificar essas relações desiguais, reproduzindo-as fortemente, quanto contribuir para sua transformação. Pode, também, apresentar esse duplo movimento de reprodução e transformação, conforme as concepções e práticas de gestão pedagógica dos órgãos administrativos e das próprias instituições educacionais.

Para compreender a instituição escolar, seu papel social, suas potencialidades e seus limites, é preciso buscar suas origens de maneira contextualizada, como veremos a seguir.

1.1 A origem da instituição escolar e as funções da educação

Antes, num estágio da humanidade denominado *primitivo*, o trabalho era feito em conjunto, em comunidade. Na comunidade, o trabalho estava centrado na transformação da natureza para atender necessidades relacionadas à manutenção da vida humana. Portanto, "a educação realizava-se como decorrência imediata da produção material e da apropriação coletiva dos meios de existência humana" (Saviani; Duarte, 2012, p. 41). Assim, a educação se dava no próprio processo de trabalho, não havendo diferenciação.

As mudanças pelas quais a humanidade passou ao transformar a natureza fizeram com que o ser humano se complexificasse como ser social (Tonet, 2001). Em outras palavras, novas relações entre trabalho e educação foram sendo estabelecidas no decorrer da história humana.

Ao tratar das origens da educação referindo-se à Antiguidade grega e romana, Ferretti et al. (1994) explicam que a escola, com o advento da sociedade de classes, foi inicialmente destinada a um grupo de sujeitos privilegiados. Esses sujeitos faziam parte da aristocracia, que usufruía da produção econômica excedente e do trabalho escravo, portanto, não dependia do trabalho manual[2]. Dessa forma, estavam liberados do trabalho braçal, tendo a possibilidade de usufruir do que se considerava o ócio, num lugar específico denominado *skholé* (Cortella, 2006).

Cortella (2006, p. 67) explica que, a partir da *skholé*, teve início "um tipo de pensamento metódico e sistemático", dedicado à teoria, o qual não teria, necessariamente, uma aplicabilidade prática. Assim, a escola (*skholé*) tem em suas origens a separação entre trabalho manual e trabalho intelectual[3] e a distinção entre os grupos que poderiam acessá-la, visto que,

---

[2] Embora seja empregada a denominação *trabalho manual/braçal*, em função da dicotomia entre fazer e pensar, própria da divisão do trabalho no capitalismo, é importante destacar que toda ação humana é guiada pela cognição. Foi, inclusive, pela ação de agir sobre a natureza – portanto, trabalho manual – que a humanidade produziu saltos evolutivos.

[3] Além dessa constatação, da dicotomia entre trabalho manual e intelectual, que marca as origens da escola na sociedade de classes, é preciso também destacar a relevância da educação, desde o princípio, para a formação humana, para a construção de um ser social; e, ainda, por lançar a reflexão acerca da relação teoria e prática (e vice-versa) como *práxis* humana (Cortella, 2006).

como já dissemos, era destinada a grupos privilegiados econômica e socialmente.

Essa tradição se repetiu em outras sociedades e tempos históricos com princípios semelhantes a essa forma de organização. Então, a educação em um local específico para essa função foi inaugurada na sociedade de classes.

Como a história evidencia, a escola não era destinada a todos, mas, à medida que a sociedade se transformava, novos desafios foram sendo lançados. O mundo do trabalho passou a exigir cada vez mais especialização[4], no sentido de aquisição de domínios elementares, como leitura, escrita e cálculo, exigências que foram se complexificando concomitante às transformações do mundo do trabalho. À medida que o capitalismo se reorganizava, o conhecimento, que sempre teve importância competitiva, ganhava relevância como "mercadoria- chave, a ser produzida e vendida a quem pagar mais" (Harvey, 2003, p. 151).

A educação, entretanto, não está restrita a esse papel determinado pelo capitalismo. Seu papel extrapola essas exigências e é fundamental no sentido ontológico, ou seja, na construção do homem como um ser social. A educação é primordial na formação para a convivência em sociedade, conforme essa sociedade se organiza. Portanto, a educação é "uma prática

---

[4] Ainda que, no trabalho assalariado, sob o capitalismo, "boa parte do conhecimento e das decisões técnicas" (Harvey, 2003, p. 119) estejam fora do controle de quem realiza o trabalho, as instituições educacionais são um dos aparelhos do Estado para disseminar, além dos conhecimentos considerados necessários, aqueles conteúdos importantes para a socialização do trabalhador conforme o mercado necessita em cada momento histórico (Harvey, 2003).

social ampla e inerente ao processo de constituição da vida social, alterando-se no tempo e no espaço em razão das transformações sociais" (Oliveira, 2009, p. 237).

Além da dimensão social, a educação possibilita, ainda, alcançar objetivos numa dimensão individual, como explica Paro (2007, p. 16), ao afirmar que a escola viabiliza o "provimento do saber necessário ao autodesenvolvimento do educando, dando-lhe condições de realizar o bem-estar pessoal e o usufruto dos bens sociais e culturais postos ao alcance dos cidadãos".

Dessa forma, a educação se constitui um direito fundamental nas sociedades democráticas, e a ampliação do acesso a esse direito vem sendo reivindicada continuamente no decorrer da história.

A democratização da educação resulta de forças também conflitantes. A massa de excluídos da escola reivindica sua inserção e o mundo do trabalho e a sociedade democrática liberal[5] precisam da escola como formadora nos diferentes níveis de ensino.

Essas exigências são assimiladas pelas políticas educacionais, pois, conforme as transformações técnico-científicas, novos conhecimentos são exigidos dos profissionais, em diferentes níveis de atuação. A escola incorpora em seu currículo, por meio das políticas, as exigências do mundo do trabalho e, também, aquelas necessárias ao exercício da cidadania, nas sociedades democráticas. Assim, como explica Severino (1986,

---

5   O liberalismo econômico é a doutrina fundadora do capitalismo, baseada em aspectos como livre mercado, divisão social e técnica do trabalho, liberdade individual (para comprar e vender), propriedade privada, Estado regulador (relações capital e trabalho), entre outros (Harvey, 2003).

p. 51), "os processos educacionais no seu conjunto e no seu interior geram e desenvolvem também forças contraditórias, que comprometem o fatalismo da reprodução, quer ideológica, quer social, atuando simultaneamente no sentido da transformação da realidade social". Portanto, num processo contraditório, inserida numa sociedade de classes, a educação, por meio de suas instituições, tem um duplo movimento de conservação e transformação.

Autores como Saviani e Duarte (2012) e Tonet (2001), entre outros, apresentam análises aprofundadas sobre esse duplo movimento (conservação e transformação) também no processo educacional de contextos pré-capitalistas. Nestes, a educação também se conserva e se modifica porque, à medida que as gerações anteriores repassam seus conhecimentos aos mais jovens, há um processo de conservação daqueles saberes considerados essenciais para a comunidade. Assim, de posse desses saberes, os mais jovens podem modificá-los, aperfeiçoá-los, confrontá-los com novas ideias, exercendo mudança e transformação.

Diante dessas constatações, podemos concluir que, na contemporaneidade, esse movimento está contemplado nos currículos escolares que trazem conteúdos clássicos, que permanecem e são transmitidos há gerações devido à sua relevância social. Entretanto, há também, nos currículos contemporâneos, os conteúdos atualizados devido às transformações sociais.

Ressaltamos que a educação, em sentido amplo, exerce papel fundamental na construção do ser humano como um ser social, extrapolando seu papel institucional situado nas relações de produção. Assim, a educação, de forma ampla, é fundamental no processo de humanização e de "apropriação do conhecimento sistematizado por parte das novas gerações" (Saviani, 1992, p. 23). Portanto, reiteramos que, nas sociedades democráticas, a educação se consolidou como um direito fundamental, compondo as legislações acerca da garantia de direitos.

Como questiona Dubet (2008), será possível, então, uma "escola justa" no capitalismo?

A partir de estudos da teoria crítico-reprodutivista[6], situada historicamente, a escola passou a ser analisada como instituição legitimadora das desigualdades e do autoritarismo praticados pelas demais instâncias do poder governamental, afinal, a escola está inserida nessa mesma sociedade, reproduzindo suas relações econômicas, sociais e culturais. Assim, o crítico-reprodutivismo entende a escola como um dos aparelhos ideológicos do Estado capitalista. Entretanto, outros teóricos incorporaram esses estudos, mas superaram o determinismo, entendendo que a sociedade e, por sua vez, também a escola apresentam contradições por meio das quais é possível vislumbrar possibilidades de ações que repercutem em avanços e transformações importantes na redução das desigualdades.

Essas análises foram importantes para evidenciar que a função social dessa instituição (a escola nos seus diferentes níveis de ensino) extrapola os interesses situados no âmbito econômico, que também lhe é exigido. Elas também são fundamentais para compreendermos que a dualidade da escola está nas raízes da sociedade de classes. Assim, pela compreensão de que nossa sociedade está pautada no privilégio, os gestores

---

[6] Para conhecer uma análise interessante sobre a teoria crítico-reprodutivista, sugerimos a leitura do texto: As implicações e os reflexos da teoria reprodutivista na educação do Brasil a partir da década de 60, de autoria de Alex Lins Ferreira. Disponível em: <https://www.editorarealize.com.br/index.php/artigo/visualizar/59228>. Acesso em: 31 mar. 2022.

comprometidos com a vida humana em suas diferentes dimensões manifestam a preocupação em proceder política e pedagogicamente para, ainda que num contexto de desigualdade histórica, viabilizar condições aos grupos historicamente excluídos para que estes possam avançar socialmente.

É preciso que esse conjunto teórico de explicações sobre a realidade mobilize práticas efetivas nas instituições, de maneira a tornar realidade o que Dubet (2008) denomina "escola justa". Em outras palavras, no contexto contemporâneo de uma sociedade desigual, trata-se da promoção de "uma escola tão justa quanto possível ou, melhor ainda, uma escola o menos injusta possível" (Dubet, 2008, p. 9).

Nesse contexto, temos um "mundo ao avesso" (Galeano, 1999), porque vivemos numa sociedade capitalista, essencialmente desigual, e, portanto, há muito a fazermos para diminuir a distância entre os desiguais, dentro dos limites impostos pela sociedade de classes. Como ver as contradições nesse modelo de sociedade é fundamental para impulsionar as mudanças, Galeano (1999, p. 8) nos auxilia nessa compreensão ao afirmar que não "há escola que não encontre sua contraescola". Então, é preciso buscar alguma saída nessa contradição.

Ao tratar da escola justa, Dubet (2008) defende a necessidade de implementarmos ações políticas e pedagógicas possíveis e mais qualificadas, a fim de ampliar as intervenções direcionadas aos estudantes que têm permanecido aquém do domínio dos conhecimentos considerados adequados à sua faixa etária e a seu nível de escolaridade e reconhecidos como relevantes socialmente no momento histórico atual.

A seguir, para exemplificar o que estamos defendendo, apresentamos casos de duas crianças (de nomes fictícios) e uma breve explanação sobre a aprendizagem de ambas.

Marcos e Felipe têm 9 anos e ambos frequentam o 4º ano da mesma escola pública. Marcos apresenta um excelente desempenho escolar, destaca-se como leitor, sempre empresta livros da biblioteca da escola, além daqueles que sua família adquire para sua biblioteca pessoal.

Felipe, embora com a mesma idade, lê palavras de maneira extremamente silabada. Ao frequentar a biblioteca da escola junto com sua turma, fica receoso ao receber os livros que ainda não é capaz de ler, folheia as páginas e observa as imagens. Em casa, passa muito tempo assistindo à televisão, gosta muito de desenhos animados, por meio dos quais parece ter ampliado seu vocabulário, mas os livros não fazem parte da sua rotina.

Esse é um exemplo comum para mostrar que ambos, Marcos e Felipe, na ótica liberal, têm o mesmo ponto de partida (igualdade formal), pois estão matriculados na mesma escola, no 4º ano. A lei lhes garante esse direito formal, o que é fundamental! Afinal, nas sociedades de classes, conduzidas pelo Estado democrático, "a igualdade da oferta é a condição elementar da igualdade de oportunidades" (Dubet, 2008, p. 53).

Mas será suficiente? Parece que não!

Afinal, Felipe está muito aquém do desejável para sua faixa etária e dos objetivos da etapa de ensino que frequenta. Portanto, as crianças, embora com o devido acesso à matrícula, garantido seu **direito formal à educação**, não tiveram, no decorrer da vida, as mesmas oportunidades nos aspectos socioeconômico e de ampliação cultural.

Felipe apresenta um déficit que precisa, primeiramente, ser observado, constatado, para, em seguida (e o quanto antes!), receber as intervenções diferenciadas para que alcance o mesmo patamar de aprendizado que seu colega Marcos. Sendo assim, Felipe precisará de mais e variadas intervenções para alcançar o domínio da leitura de maneira fluente, tal como o esperado para seu nível de escolaridade. Assim, o tratamento diferenciado se faz fundamental para que o direito à educação, no caso de Felipe, seja efetivo.

Portanto, é preciso olhar para os estudantes. Como nos ensina Saviani (1985, p. 76), em seu livro *Escola e democracia*, é preciso fazer as mediações pedagógicas partindo da ideia de que "a educação é uma atividade que supõe uma heterogeneidade real e uma homogeneidade possível; uma desigualdade no ponto de partida e uma igualdade no ponto de chegada". Nesse sentido, não se atribui à educação uma função salvacionista, mas esta ganha relevância como um dos meios para contribuir para a transformação social por meio do acesso ao conhecimento, o que, por sua vez, viabiliza crescimento individual e coletivo.

1.2 A construção (continuada) da escola inclusiva

A escola inclusiva é a base da sociedade democrática. Para Diniz (2012, p. 9):

> A escola inclusiva está afinada com os Direitos Humanos, porque respeita e valoriza todos(as) os(as) alunos(as), cada um(a) com suas características individuais. Além disso, é a base da sociedade para todos, que acolhe os sujeitos e se modifica para garantir que os direitos de todos(as) sejam respeitados.

Exclusão e inclusão, no entanto, estão situadas nas raízes da educação sistematizada/formal no contexto da sociedade de classes, no duplo movimento (conservação/transformação; exclusão/inclusão). Por isso, as demandas por inclusão educacional dos grupos que foram preteridos em cada momento histórico são constantes na história da educação. E numa sociedade estruturalmente organizada com base em grupos com forças desiguais, os movimentos por inclusão são fundamentais para produzir avanços sociais.

O conceito de inclusão escolar passou por diferentes compreensões ao longo da história da educação. Segundo Anjos, Andrade e Pereira (2009), ele tem suas bases na história da educação especial, pois esta nasceu da luta das pessoas com deficiência pelo acesso a um sistema educacional inclusivo. Foi no contexto da educação especial que as pessoas com deficiência ampliaram sua mobilização por uma educação inclusiva, a fim de romper com a segregação. Esse rompimento dependia não somente de mudanças estruturais, mas, também, num primeiro momento, de outras concepções de educação e aprendizagem que superassem a expectativa de classes homogêneas, no sentido de ensinar o mesmo e igual para todos. Portanto, há períodos que, embora não lineares, são descritos "como um processo evolutivo que atravessa um período de **segregação**, passa por esforços **integrativos** e deságua no movimento **inclusivista**" (Anjos; Andrade; Pereira, 2009, p. 117, grifo nosso).

1.2.1 Os princípios organizadores da política de educação especial

Os conceitos de segregação, integração e inclusão podem ser considerados como princípios organizadores da política de educação especial. Vejamos, a seguir, como se caracterizam, em linhas gerais, cada um desses princípios.

O princípio de **segregação** marcou o contexto histórico brasileiro da institucionalização, no qual as pessoas com deficiência eram mantidas em instituições ou escolas especiais e afastadas de suas famílias. O período de institucionalização esteve fortemente amparado numa visão patológica da deficiência, entendida, portanto, como sinônimo de *incapacidade* (Costa-Renders, 2015).

Os referenciais médicos exerciam grande influência, mas, por um lado, se foram importantes no sentido de contribuir com algumas intervenções no campo pedagógico, por outro, essa abordagem foi empregada para legitimar orientações políticas relativas à educação especial da época, reforçando a segregação (Pan, 2013). Aspectos culturais do século XX que criavam e reforçavam estereótipos relativos às pessoas com deficiência contribuíam para legitimar a segregação, excluindo essas pessoas da educação geral[7] (Jannuzzi, 2004). No século XIX, por influência do modelo europeu, foram criadas, no Brasil, instituições de caráter assistencialista destinadas às pessoas com deficiência, que recebiam abrigo, alimentação, instrução elementar e formação profissional.

---

[7] Para saber mais a respeito das abordagens sobre a deficiência e a história da educação especial no Brasil, sugerimos a leitura de Jannuzzi (2004).

O princípio da **integração** representou um primeiro momento da história da educação especial, no qual as pessoas com deficiência foram inseridas nas escolas comuns. Para essa inserção, havia possibilidades como classes comuns, classes especiais e escolas especiais. A definição sobre o tipo de atendimento ao qual a criança seria direcionada dependia da própria criança, conforme suas possibilidades de acompanhar os conteúdos e se adaptar à rotina escolar. Uma das principais características da integração é que

> nem todos os alunos com deficiência cabem nas turmas de ensino regular, pois há uma seleção prévia dos que estão aptos à inserção. Para esses casos, são indicados: a individualização dos programas escolares, currículos adaptados, avaliações especiais, redução de objetivos educacionais para compensar as dificuldades de aprender. Em suma: a escola não muda como um todo, mas os alunos têm que mudar para se adaptarem às suas exigências. (Mantoan, 2003, p. 23)

O princípio da **inclusão**, por sua vez, está fundamentado na concepção de direitos humanos. Nesse sentido, a igualdade e a diferença são consideradas "valores indissociáveis" (Brasil, 2008b, p. 1). Assim, ao identificar e reconhecer as diferenças, valorizamos a diversidade humana, mas também é preciso olhar para as desigualdades de ponto de partida e analisar as causas da exclusão no intuito de, no âmbito das políticas e práticas pedagógicas, traçarmos planos para atingir a equidade. Numa perspectiva de equidade, no plano das políticas, por exemplo, é preciso um olhar cuidadoso de gestores, em diferentes instâncias de decisão, para aqueles que têm menos, a fim de que recebam mais em termos de recursos, intervenções ou outros aportes necessários para alçar patamares mais elevados de condição social e educacional.

Compreendendo um pouco mais a equidade

Nos documentos de política de diferentes áreas, como educação, saúde, assistência, entre outras, no contexto dos anos 1990 em diante é comum encontrarmos o termo *equidade* com múltiplos significados, por vezes, em substituição ao termo *igualdade*, outras, em oposição a ele. Nesse sentido, apresentamos a análise crítica de Gentili (1996, p. 44)[8], segundo a qual:

> O termo equidade, no contexto das políticas neoliberais está comumente presente em documentos do Banco Mundial e FMI e se contrapõe, no discurso neoliberal, à igualdade. Por meio desse conceito, na ótica neoliberal, admite-se uma diferença natural entre as pessoas e, portanto, seria justo respeitar essas diferenças, ou seja, cabe ao sistema "justo" promover as diferenças produtivas entre os indivíduos. A igualdade seria, segundo os neoliberais, uma prática política arbitrária que fere a individualidade.

Sobre os significados atribuídos à *equidade*, nessa mesma linha podemos recorrer, ainda, às afirmações de Cavalcanti (2013, p. 5), ao analisar que:

> O termo equidade tem sido utilizado com múltiplos significados, tanto no desenho das estratégias pedagógicas quanto no desenho das políticas de financiamento da educação. Lima e

---

[8] Na análise de Gentili (1996), o **termo equidade, no contexto das políticas neoliberais** está comumente presente em documentos do Banco Mundial e FMI e se contrapõe, no discurso neoliberal, à igualdade. Por meio desse conceito, na ótica neoliberal, admite-se uma diferença natural entre as pessoas e, portanto, seria justo respeitar essas diferenças, ou seja, cabe ao sistema "justo" promover as diferenças produtivas entre os indivíduos. A igualdade seria, segundo os neoliberais, uma prática política arbitrária que fere a individualidade. (Gentili, 1996, p. 44)

Rodriguez (apud Brooke, 2012) informam que ora esse conceito assume o significado de tratar igual os desiguais (igualdade de oportunidades), ora de tratar desigual os desiguais. A aplicação prática de um ou outro significado tem produzido resultados bem diferentes. Para essas autoras, o Banco Mundial, embora faça uma distinção entre igualdade e equidade, não se afasta das premissas de caráter liberal, ao associar o conceito de equidade ao de igualdade de oportunidades, pois considera que "do ponto de vista da equidade, a distribuição de oportunidades é mais importante que a distribuição de resultados" (Lima e Rodriguez apud Brooke, 2012, p. 405). Em muitas reformas orientadas pelo BM, principalmente em termos legais, a equidade assumiu também um sentido de equalização, ou seja, garantir a todos um mínimo obrigatório de educação, o que estaria mais próximo da ideia de igualdade de oportunidades do que da correção das desigualdades visando resultados iguais.

Entretanto, diferentemente do significado de equidade atribuído pelo BM, especialmente nas políticas dos anos 1990, como exposto nas análises anteriores, por volta dos anos 2000, o termo *equidade* prevaleceu nos documentos de política, no Brasil, associado a uma visão de complementaridade à igualdade ou condição necessária para que, um dia, essa igualdade seja alcançada.

A ideia de equidade, constante nos textos de política dos anos 2000, é também representada por imagens, comumente semelhantes à apresentada a seguir.

Figura 1.1 – Igualdade e equidade: para entender melhor

Igualdade   Equidade

Na Figura 1.1, vemos duas cenas com pessoas de estaturas diferentes tentando alcançar o que parece ser um ramo com folhas e frutos. Na parte esquerda da figura, onde está escrito **igualdade**, todos estão sob um suporte de mesmo tamanho para alcançar o fruto desejado. Partem, portanto, de uma condição de igualdade inicial para o acesso ao mesmo produto. Entretanto, a estatura de cada um dos sujeitos é diferente; os sujeitos com estatura menor, ainda que em condição de suposta igualdade, não conseguem alcançar o fruto desejado.

Na parte direita da figura, onde lemos **equidade**, os mesmos sujeitos de estaturas diferentes receberam, cada um, o suporte diferente, que lhes permite alcançar o fruto desejado. Sendo assim, podemos afirmar que foram consideradas as diferenças individuais dos sujeitos para o acesso ao mesmo produto.

Portanto, para que haja igualdade no ponto de chegada (acesso ao produto), é preciso que sejam observadas as desigualdades do ponto de partida, a fim de que sejam oferecidas oportunidades, por vezes adaptações, conforme as necessidades apresentadas.

A compreensão dos conceitos de igualdade e equidade é fundamental para que os gestores educacionais estejam atentos às necessidades dos estudantes, tendo em vista o olhar para a singularidade das pessoas que integram o espaço escolar.

Ao receber estudantes com deficiência, transtornos globais do desenvolvimento e altas habilidades/superdotação na instituição educacional, os gestores precisam estar atentos para conhecer e acolher o estudante e sua família, além de providenciar os recursos materiais e humanos que viabilizem acessibilidade e acesso ao conhecimento, com as devidas adaptações ou suplementações, nos casos necessários.

Destacamos que os conceitos de igualdade e de diferença extrapolam a condição de classe, sendo compreendidos também no que se refere à constituição humana, pois somos iguais em nossa dimensão humana e, também, diferentes em termos de subjetividade/singularidade. Assim, constituímo-nos como seres humanos na relação com outros seres humanos e somos também singulares pelas nossas experiências, nossa cultura, nossa percepções, nossas características físicas e psíquicas, nossas necessidades etc. Nesse sentido, "na operacionalização da proposta inclusiva percebe-se que, em nome da equidade, será necessário o reconhecimento da complexa condição humana nos termos da relação dialética entre igualdade e diferença nos sistemas escolares" (Costa-Renders, 2015, p. 127).

Essa compreensão, somada ao conceito de equidade, no sentido de oferecer mais a quem tem menos (portanto, "corrigir as desigualdades"), esteve presente na Política Nacional de Educação Especial na Perspectiva da Educação Inclusiva de 2008, a qual contempla, em seu texto, o reconhecimento de que

> a educação inclusiva constitui um paradigma educacional fundamentado na concepção de direitos humanos, que conjuga igualdade e diferença como valores indissociáveis, e que avança em relação à ideia de equidade formal ao contextualizar as circunstâncias históricas da produção da exclusão dentro e fora da escola. (Brasil, 2008b, p. 1)

Afinal, por que se faz necessário incluir? Um diálogo com o marco legal

Podemos afirmar que, entre outras respostas possíveis, incluir é preciso porque somos seres diversos, embora, ao mesmo tempo, sejamos iguais. Somos iguais como gênero humano, mas paradoxalmente diversos, pela forma como constituímos nossa individualidade.

Incluir é também necessário porque, como vimos anteriormente, vivemos num contexto socioeconômico cujas raízes se mantêm na dualidade exclusão/inclusão. Portanto, concordando com Mantoan (2003), "a perspectiva de formar uma nova geração dentro de um projeto educacional inclusivo é fruto do exercício diário da cooperação e da fraternidade, do reconhecimento e do valor das diferenças, o que não exclui a interação com o universo do conhecimento em suas diferentes áreas" (Mantoan, 2003, p. 9).

Os valores destacados por Mantoan (2003) – cooperação, fraternidade, reconhecimento e valor das diferenças – precisam estar presentes nas diferentes instâncias de gestão e de execução das políticas. Esses valores devem, necessariamente, repercutir em ações administrativas, pedagógicas e de financiamento que viabilizem condições dignas de trabalho aos profissionais e condições dignas de aprendizagem aos estudantes.

As motivações para movimentos de inclusão foram respondidas de formas diversas no decorrer da história, influenciadas por visões de sociedade, de política e de educação predominantes em cada momento, como é possível constatar em trechos desde alguns documentos e legislações anteriores até as atuais, como veremos a seguir.

A **Declaração Mundial de Educação para Todos** (1990) resultou da Conferência Mundial sobre Educação para Todos, realizada em Jomtiem, na Tailândia, de 5 a 9 de março de 1990. Já no preâmbulo da declaração é feita uma referência à Declaração Universal do Direitos Humanos (DUDH) no que diz respeito à educação, ao afirmar que "toda pessoa tem direito à educação". Entretanto, esse objetivo, estabelecido há décadas, ainda não está plenamente atendido em virtude de grandes desigualdades de acesso e de permanência na escola, provocadas por fatores diversos, conforme aspectos políticos e econômicos vividos em cada país.

A **Declaração de Salamanca** foi o resultado de uma assembleia realizada em Salamanca, na Espanha, entre os dias 7 e 10 de junho de 1994, na qual reuniram-se representantes de 92 países e 25 organizações internacionais que reafirmaram o compromisso com a Educação para Todos, bem como a urgência em providenciar educação para todas as pessoas (crianças, jovens e adultos) no sistema regular de ensino (Brasil, 1994a; Unesco, 1994). É importante destacar ainda que, nessa assembleia, foi resgatado o documento das Nações Unidas *Regras padrões sobre equalização de oportunidades para pessoas com deficiências*, por meio do qual os Estados são chamados a assegurar que o sistema educacional integre a educação das pessoas com deficiência (Unesco, 1994).

As conclusões da assembleia em Salamanca foram guiadas pelo "princípio da inclusão", objetivando "escolas para todos", o que demanda instituições que aceitem as diferenças e apoiem as necessidades individuais de aprendizagem. Há, portanto, um foco em eficiência educativa (Brasil, 1994). Ao definir a estrutura da educação especial, a Declaração de Salamanca apresenta como princípio

> que escolas deveriam acomodar todas as crianças independentemente de suas condições físicas, intelectuais, sociais, emocionais, linguísticas ou outras. Aquelas deveriam incluir crianças deficientes e superdotadas, crianças de rua e que trabalham, crianças de origem remota ou de população nômade, crianças pertencentes a minorias linguísticas, étnicas ou culturais, e crianças de outros grupos desavantajados ou marginalizados. (Brasil, 1994a, p. 3)

A Declaração de Salamanca apresenta o papel dos gestores, em diferentes instâncias educacionais, para a promoção de uma educação inclusiva. A referência aos administradores locais e diretores de escolas faz menção à necessidade de as escolas ampliarem seu olhar para as crianças com deficiência. A declaração enfatiza a importância da autonomia e do treinamento para que os profissionais possam realizar um trabalho efetivo, envolvendo toda a comunidade escolar num trabalho cooperativo por meio de participação ativa. O papel dos professores é enfatizado, pois estes são considerados os administradores do processo educacional, bem como aqueles que podem apoiar as crianças no uso de recursos mais apropriados. (Brasil, 1994).

A **Convenção de Guatemala** (1999), ou Convenção Interamericana para a Eliminação de Todas as Formas de Discriminação contra as Pessoas Portadoras de Deficiência, foi realizada na Guatemala, na cidade de mesmo nome, no dia 8 de junho de 1999. Tal como outros eventos internacionais visando à garantia e à proteção de direitos, nessa reunião foram também resgatados outros tratados e legislações voltados aos direitos das pessoas com deficiência, produzidos em contextos políticos e históricos anteriores.

No acordo feito entre os países participantes, um dos objetivos, definido no artigo II, foi "prevenir e eliminar todas as formas de discriminação contra as pessoas portadoras de deficiência e propiciar a sua plena integração à sociedade" (OEA, 1999).

A Convenção da Guatemala foi promulgada no Brasil pelo Decreto n. 3.956, de 8 de outubro de 2001 (Brasil, 2001a), e ratifica que "as pessoas com deficiência têm os mesmos direitos humanos e liberdades fundamentais que as demais pessoas", definindo como discriminação, com base na deficiência, toda diferenciação ou exclusão que possa impedir ou anular o exercício dos direitos humanos e de suas liberdades fundamentais (OEA, 1999).

O Decreto n. 3.956/2001, com base na Convenção da Guatemala, possibilita uma reinterpretação da educação especial no Brasil no sentido de que a educação deve ser acessível a todos os estudantes; portanto, a diferenciação[9] é adotada para atender à diversidade que compõe as salas de aula. Nesse sentido, a formação docente assume, de forma ainda incipiente, uma perspectiva curricular inclusiva, que vem sendo incorporada nos currículos de formação de professores para a educação básica por meio de disciplinas voltadas à educação inclusiva.

A Resolução n. 1, de 18 de fevereiro de 2002, do Conselho Nacional de Educação (CNE) – Diretrizes Curriculares Nacionais para a Formação de Professores da Educação Básica[10] –, ao tratar da organização curricular, no art. 2º, inciso II, destaca, entre outros aspectos, "o acolhimento da diversidade" (Brasil, 2002b).

Já no art. 6º, parágrafo 3º, inciso II, ao mencionar a construção do projeto pedagógico dos cursos de formação docente, a resolução define como uma das competências a ser desenvolvida pelos futuros professores o conhecimento sobre o desenvolvimento humano, contemplando conhecimentos sobre as especificidades dos alunos com necessidades educacionais especiais (Brasil, 2002b)[11].

---

9 Diferenciação pedagógica na educação inclusiva, com base em estudos de Maia e Freire (2020), pode ser resumida como: práticas diferenciadas de ensino; sala de aula flexível, facilmente modificável; rotinas individuais e em grupo; avaliação diagnóstica e formativa orientadora do processo; o ensino responde às diferentes necessidades de todos os estudantes.

10 Destacamos que, atualmente, a diretriz vigente é a Resolução CNE/CP n. 2, de 20 de dezembro de 2019, que "define as Diretrizes Curriculares Nacionais para a Formação Inicial de Professores para a Educação Básica e institui a Base Nacional Comum para a Formação Inicial de Professores da Educação Básica (BNC-Formação)" (Brasil, 2020b).

11 Conforme mencionado anteriormente, a denominação "alunos com necessidades especiais" é registrada conforme consta no documento vigente à época datada. Atualmente, devido aos estudos e avanços na área da Educação Inclusiva, é empregada a nomenclatura "educandos/pessoas com deficiência".

Entre outras medidas igualmente importantes da Convenção da Guatemala, chama a atenção a que trata da educação da comunidade, realizando a "sensibilização da população, por meio de campanhas de educação, destinadas a eliminar preconceitos, estereótipos e outras atitudes que atentam contra o direito das pessoas a serem iguais, permitindo desta forma o respeito e a convivência com as pessoas portadoras de deficiência" (OEA, 1999, art. 2, item c).

Essa medida voltada à sensibilização da população evidencia o papel de outras instâncias para além das instituições educacionais na formação para a cidadania e para a convivência respeitosa entre as pessoas e a diversidade que as constitui. Ao se tratar de campanhas, podemos destacar não apenas o papel dos governos municipais, estaduais e federal, como também o da grande mídia, que atinge um número massivo de espectadores. São muitos os veículos que podem formar a opinião disseminando valores e influenciando a atitude das pessoas.

Nesse sentido, devemos atentar para o fato de que o discurso de autoridades políticas e de outras figuras públicas são carregados de valores que tanto podem ser conservadores, no sentido de preservar ou perpetuar a exclusão e as desigualdades, quanto podem ser transformadores, no sentido de levar à reflexão sobre a diversidade humana e os direitos fundamentais de todos e de cada ser humano em particular, com suas singularidades.

Vale destacar que os discursos podem ser explícitos, revelando diretamente valores voltados à inclusão ou à exclusão do outro; ou implícitos, quando se diz algo que pode ser interpretado como uma autorização ou estímulo a certas atitudes de empatia ou de rejeição. Dessa forma, figuras públicas, deliberadamente ou sem a menor intencionalidade, em qualquer área de atuação, têm grande responsabilidade na formação da população. Com o avanço da interação virtual, essa responsabilidade está crescendo. Certamente, você pensou em vários exemplos durante a leitura deste trecho. Vamos nos lembrar de um deles.

Em 2020, a namorada de um comediante, ambos figuras conhecidas nas redes sociais digitais, usou o termo *autista* de forma pejorativa ao descrever um comportamento do namorado. O vídeo viralizou e provocou discussões acirradas sobre o respeito às diferenças, às singularidades das pessoas que se caracterizam (enquadram) no espectro autista, bem como sobre a importância de mais conhecimento por parte da sociedade.

Por se tratar de uma comunidade já organizada na defesa dos seus direitos e inserida em diferentes contextos sociais, o discurso proferido pelas figuras públicas na internet levantou debates em torno da questão e, contraditoriamente, possibilitou ampliar o leque de informações sobre o transtorno do espectro autista (TEA)[12], que não pode ser empregado como um adjetivo pejorativo[13]. O exemplo citado pode configurar crime, conforme previsto na Lei n. 13.146, de 6 de julho de 2015 (Lei Brasileira de Inclusão), na hipótese de:

---

12 Para se inteirar um pouco mais sobre a questão do autismo, indicamos o seguinte vídeo, veiculado para conscientização sobre o tema: Coisas que autistas gostariam que você soubesse. 2020. Disponível em: <https://www.youtube.com/watch?v=vQHoohwmos8>. Acesso em: 19 jan. 2022.

13 O mesmo se aplica a outras deficiências e condições do neurodesenvolvimento. Em outras palavras, nenhuma deficiência deve ser empregada como adjetivo pejorativo ou jocoso para uma pessoa.

Art. 88. Praticar, induzir ou incitar discriminação de pessoa em razão de sua deficiência:

Pena – reclusão, de 1 (um) a 3 (três) anos, e multa.

§ 1º Aumenta-se a pena em 1/3 (um terço) se a vítima encontrar-se sob cuidado e responsabilidade do agente.

§ 2º Se qualquer dos crimes previstos no caput deste artigo é cometido por **intermédio de meios de comunicação social ou de publicação de qualquer natureza**:

Pena – reclusão, de 2 (dois) a 5 (cinco) anos, e multa. (Brasil, 2015a, grifo nosso)

Os debates em decorrência da situação se tornaram, de certa forma, pedagógicos, uma vez que pessoas e grupos ligados à causa autista foram entrevistados, apresentaram as características mais comuns e as potencialidades de quem se encontra no espectro. Além disso, expuseram que pessoas na condição autista não são todas iguais – continuam sendo pessoas singulares.

Certamente, ainda que por "vias tortas", o discurso proferido incitou importantes debates e reflexões que levaram muitas pessoas a refletir sobre um tema de relevância social. Os próprios causadores da polêmica, certamente, também aprenderam com a situação.

O problema é que nem todos os grupos excluídos têm uma organização capaz de ecoar a sua voz e exigir seus direitos. Por isso, é fundamental que pessoas com visibilidade pública, seja pelo cargo que ocupam, seja pelo espaço midiático, profiram discursos com responsabilidade e empatia, respeitando a diversidade que compõe a sociedade.

Como indicado no Plano Nacional de Educação em Direitos Humanos: "Sendo a educação um meio privilegiado na promoção dos direitos humanos, cabe priorizar a formação de agentes públicos e sociais para atuar no campo formal e não formal, abrangendo os sistemas de educação, saúde, comunicação e informação, justiça e segurança, mídia, entre outros" (Brasil, 2018, p. 12). No mesmo documento, recomenda-se que sejam realizadas ações para

> Fomentar o tratamento dos temas de educação em direitos humanos nas produções artísticas, publicitárias e culturais: artes plásticas e cênicas, música, multimídia, vídeo, cinema, literatura, escultura e outros meios artísticos, além dos meios de comunicação de massa, com temas locais, regionais e nacionais. (Brasil, 2018, p. 31)

Como vemos, a educação em direitos humanos ganha relevância em todos os níveis de ensino e áreas de formação, extrapolando os espaços da educação formal, em estreita relação com uma sociedade inclusiva.

Um dos passos importantes, no caso do autismo, na formação continuada de agentes públicos no Brasil, por exemplo, é o conhecimento da Lei n. 12.764, de 27 de dezembro de 2012, que instituiu a política nacional de proteção dos direitos da pessoa com transtorno do espectro autista (TEA), assegurando direitos como:

> Art. 3º São direitos da pessoa com transtorno do espectro autista:
>
> I – a vida digna, a integridade física e moral, o livre desenvolvimento da personalidade, a segurança e o lazer;

II – a proteção contra qualquer forma de abuso e exploração;

III – o acesso a ações e serviços de saúde, com vistas à atenção integral às suas necessidades de saúde, incluindo:

a) o diagnóstico precoce, ainda que não definitivo;

b) o atendimento multiprofissional;

c) a nutrição adequada e a terapia nutricional;

d) os medicamentos;

e) informações que auxiliem no diagnóstico e no tratamento;

IV – o acesso:

a) à educação e ao ensino profissionalizante;

b) à moradia, inclusive à residência protegida;

c) ao mercado de trabalho;

d) à previdência social e à assistência social.

Parágrafo único. Em casos de comprovada necessidade, a pessoa com transtorno do espectro autista incluída nas classes comuns de ensino regular, nos termos do inciso IV do art. 2º, terá direito a acompanhante especializado.

[...]

Art. 7º O gestor escolar, ou autoridade competente, que recusar a matrícula de aluno com transtorno do espectro autista, ou qualquer outro tipo de deficiência, será punido com multa de 3 (três) a 20 (vinte) salários-mínimos. (Brasil, 2012)

A **Convenção sobre os Direitos das Pessoas com Deficiência** é resultado da reunião da Organização das Nações Unidas (ONU), ocorrida em Nova Iorque, em 13 de dezembro de 2006. No Brasil, a convenção se desdobrou no Decreto n. 6.949, de 25 de agosto de 2009, que promulga a convenção, cujo art. 1º apresenta o propósito da convenção e descreve o que considera pessoas com deficiência:

O propósito da presente Convenção é o de promover, proteger e assegurar o exercício pleno e equitativo de todos os direitos humanos e liberdades fundamentais por todas as pessoas com deficiência e promover o respeito pela sua dignidade inerente. Pessoas com deficiência são aquelas que têm impedimentos de longo prazo de natureza física, mental, intelectual ou sensorial, os quais, em interação com diversas barreiras, podem obstruir sua participação plena e efetiva na sociedade em igualdades de condições com as demais pessoas. (Brasil, 2009a)

Além de outros aspectos fundamentais e de resgate da DUDH, essa convenção apresenta conceitos como "desenho universal", ou seja, o *"design* que inclui". Nessa concepção de *design*, parte-se do planejamento e da criação de produtos, serviços e ambientes que consideram a diversidade humana, possibilitando acessibilidade ao maior número de pessoas possível (ONU, 2006).

Essa concepção de *design* visando à inclusão de todas as pessoas com deficiência pode ser confirmada no art. 4º da Convenção:

> 1. Os Estados Parte se comprometem a assegurar e promover o pleno exercício de todos os direitos humanos e liberdades fundamentais por todas as pessoas com deficiência, sem qualquer tipo de discriminação por causa de sua deficiência. Para tanto, os Estados Partes se comprometem a: [...]
>
> f) Realizar ou promover a pesquisa e o desenvolvimento de produtos, serviços, equipamentos e instalações com desenho universal, conforme definidos no Artigo 2 da presente Convenção, que exijam o mínimo possível de adaptação e cujo custo seja o mínimo possível, destinados a atender às necessidades específicas de pessoas com deficiência, a promover sua

disponibilidade e seu uso e a promover o desenho universal quando da elaboração de normas e diretrizes; [...]. (Brasil, 2009a)

Ao contemplar essa concepção de *design*, são ampliadas as possibilidades de autonomia das pessoas com deficiência, em diferentes espaços públicos ou privados, no que se refere a ambientes, produtos e serviços prestados. Dessa forma, os Estados signatários da convenção se comprometem a promover a acessibilidade em suas legislações e, principalmente, no contexto da prática.

Outro aspecto de relevância é que, na medida em que a acessibilidade está no texto da lei, as ações para sua efetivação podem ser exigidas do Poder Público, por parte das pessoas com deficiência, por meio de suas organizações representativas.

A esse respeito, Bobbio (2004, p. 74) defende que

> a existência de um direito [...] implica sempre a existência de um sistema normativo, onde por "existência" deve entender-se tanto o mero fato exterior de um direito histórico ou vigente quanto o reconhecimento de um conjunto de normas como guia da própria ação. A figura do direito tem como correlato a figura da obrigação.

Nesse sentido, a garantia dos direitos pela via legal não depende de adesão, mas de cumprimento do estabelecido, do contrário, incorre-se em infração sujeita às sanções previstas no marco legal.

A relevância da educação para todos é contemplada na DUDH, que define a educação como um dos direitos fundamentais, sistematizada entre seus 30 artigos. O documento proclama a educação como um instrumento promotor de conquistas progressivas comuns para todos os povos e nações e, portanto, deve ser protegido pelo ordenamento jurídico tanto de âmbito nacional quanto de âmbito internacional (Souza; Kerbauy, 2018).

Garcia e Michels (2011), ao analisarem textos produzidos pelo grupo de trabalho Educação Especial da Associação de Pós-Graduação e Pesquisa em Educação – Anped, no período de 1991 a 2011, entre outros aspectos, identificaram que:

> O termo "integração" está presente nos títulos dos trabalhos até o ano de 2001. A partir de 2002, ganha a cena o conceito "inclusão", algumas vezes nomeando a política e outras qualificando a educação como "inclusiva". O primeiro conceito – "integração" – foi trabalhado no sentido da integração institucional, mais especificamente a integração escolar e em oposição à "segregação". O conceito "inclusão" foi tratado nos títulos como antagônico de "exclusão" e em referência a políticas de inclusão, de modo genérico ou específico, políticas de inclusão escolar, e ainda como qualificação da educação – educação inclusiva – e da Educação Especial – "educação especial inclusiva". Em um título o termo ganha um caráter de ação política, assumindo o sentido de "inclusão de alunos". (Garcia; Michels, 2011, p. 118)

No contexto brasileiro, um breve resgate de alguns documentos e legislações evidencia os avanços, os retrocessos e as contradições na área da educação especial, bem como o movimento em relação aos conceitos e às práticas de integração e inclusão, como veremos a seguir.

A Lei n. 4.024, de 20 de dezembro de 1961, que definia as Diretrizes e Bases da Educação Nacional, ao abordar a educação das pessoas com deficiência, indicava que: "A educação de excepcionais deve, no que for possível, enquadrar-se no sistema geral de Educação, a fim de integrá-los na comunidade" (Brasil, 1961, art. 88). Assim, essa lei contempla o conceito de **integração** dos estudantes com deficiência no sistema regular de ensino. Isso, por um lado, como resposta tanto aos avanços científicos da época, que versavam sobre os prejuízos da segregação, quanto aos movimentos sociais que reivindicavam o cumprimento dos direitos humanos contra a segregação de grupos minoritários.

Por outro lado, razões econômicas também justificaram essa integração, uma vez que, num contexto de crise mundial, os custos com programas especializados eram muito altos. Dessa forma, as razões científicas e humanitárias coincidiram com as razões econômicas, favorecendo o modelo de integração em oposição à segregação (Mendes, 2006).

Como explica Mantoan (2003), na perspectiva da integração, a educação especial estaria justaposta à educação comum. Nesse sentido:

> O processo de integração ocorre dentro de uma estrutura educacional que oferece ao aluno a oportunidade de transitar no sistema escolar – da classe regular ao ensino especial – em todos os seus tipos de atendimento: escolas especiais, classes especiais em escolas comuns, ensino itinerante, salas de recursos, classes hospitalares, ensino domiciliar e outros. Trata-se de uma concepção de inserção parcial, porque o sistema prevê serviços educacionais segregados. (Mantoan, 2003, p. 22-23)

Em relação às pessoas com deficiência, na Lei n. 5.692, de 11 de agosto de 1971 (Brasil, 1971), que fixava as Diretrizes e Bases para o ensino de 1° e 2° graus[14], também prevalecia o conceito de integração. Em seu texto, essa lei estabelecia que estudantes com "deficiências físicas ou mentais, os que se encontrem em atraso considerável quanto à idade regular de matrícula e os superdotados deverão receber tratamento especial" (Brasil, 1971, art. 9°). A escola especial era destinada às crianças com deficiência, pois essa lei não previa a inclusão nas escolas comuns.

A Constituição Federal (CF) de 1988 prevê a **inclusão social** das pessoas com deficiência em diversas áreas e, no caso da educação, estabelece que é dever do Estado garantir "atendimento educacional especializado aos portadores de deficiência, preferencialmente na rede regular de ensino" (Brasil, 1988, art. 208), e, ainda, reconhece a educação "como um direito de todos, garantindo o pleno desenvolvimento da pessoa, o exercício da cidadania e a qualificação para o trabalho" e "a igualdade de condições de acesso e permanência na escola" (Brasil, 1988, arts. 205 e 206).

A Lei n. 7.853, de 24 de outubro de 1989, dispõe sobre o apoio às pessoas portadoras de deficiência, sua integração social [...], definindo que:

> Art. 1° Ficam estabelecidas normas gerais que asseguram o pleno exercício dos direitos individuais e sociais das pessoas portadoras de deficiências, e sua efetiva integração social, nos termos desta Lei.

---

[14] O ensino superior era regulamentado pela Lei n. 5.540 de 28 de novembro de 1968.

[...]

I – na área da educação:

a) a inclusão, no sistema educacional, da Educação Especial como modalidade educativa que abranja a educação precoce, a pré-escolar, as de 1º e 2º graus, a supletiva, a habilitação e reabilitação profissionais, com currículos, etapas e exigências de diplomação próprios;

b) a inserção, no referido sistema educacional, das escolas especiais, privadas e públicas;

c) a oferta, obrigatória e gratuita, da Educação Especial em estabelecimento público de ensino;

d) o oferecimento obrigatório de programas de Educação Especial a nível pré-escolar, em unidades hospitalares e congêneres nas quais estejam internados, por prazo igual ou superior a 1 (um) ano, educandos portadores de deficiência;

e) o acesso de alunos portadores de deficiência aos benefícios conferidos aos demais educandos, inclusive material escolar, merenda escolar e bolsas de estudo;

f) a matrícula compulsória em cursos regulares de estabelecimentos públicos e particulares de pessoas portadoras de deficiência capazes de se integrarem no sistema regular de ensino; [...]. (Brasil, 1989)

O Estatuto da Criança e do Adolescente (ECA), Lei n. 8.069, de 13 de julho de 1990, ao fazer menção ao público da educação especial, em diferentes artigos e parágrafos, estabelece que:

Art. 54. É dever de o Estado assegurar à criança e ao adolescente:

[...]

III – atendimento educacional especializado aos portadores de deficiência, preferencialmente na rede regular de ensino;

[...]

Art. 66. Ao adolescente portador de deficiência é assegurado trabalho protegido.

[...]

Art. 112. Verificada a prática de ato infracional, a autoridade competente poderá aplicar ao adolescente as seguintes medidas:

[...]

§ 3º Os adolescentes portadores de doença ou deficiência mental receberão tratamento individual e especializado, em local adequado às suas condições.

[...]

Art. 208. Regem-se pelas disposições desta Lei as ações de responsabilidade por ofensa aos direitos assegurados à criança e ao adolescente, referentes ao não oferecimento ou oferta irregular:

I – do ensino obrigatório;

II – de atendimento educacional especializado aos portadores de deficiência; [...]. (Brasil, 1990)

A Política Nacional de Educação Especial (Brasil, 1994b)[15] se fundamentava na integração instrucional, portanto, as classes regulares de ensino seriam destinadas apenas às crianças com deficiência que apresentassem condições para acompanhar o currículo comum. Em outras palavras, acessariam a escola comum apenas aqueles que se adaptassem a ela. Essa política reforçava a segregação ao afirmar que o acesso ao ensino comum se daria àqueles que "possuem condições de acompanhar e desenvolver as atividades curriculares programadas do ensino comum, no mesmo ritmo que os alunos ditos normais" (Brasil, 1994b, p. 19).

A Lei de Diretrizes e Bases da Educação Nacional (LDB) de 1996, Lei n. 9.394, de 20 de dezembro de 1996 (Brasil, 1996), tem um capítulo específico sobre educação especial. No art. 58, a lei define o que considera educação especial e como ela deve ser oferecida:

> Art. 58. Entende-se por educação especial, para os efeitos desta Lei, a modalidade de educação escolar oferecida preferencialmente na rede regular de ensino, para educandos com deficiência, transtornos globais do desenvolvimento e altas habilidades ou superdotação.
>
> § 1º Haverá, quando necessário, serviços de apoio especializado para atender às peculiaridades da clientela de educação especial.

---

15 Em 1994, a ONU organizou, na Espanha, a Conferência Mundial sobre Necessidades Educativas Especiais: acesso e qualidade. Dessa Conferência, resultou a Declaração de Salamanca, da qual o Brasil foi signatário.

§ 2º O atendimento educacional será feito em classes, escolas ou serviços especializados, sempre que, em função das condições específicas dos alunos, não for possível a sua integração nas classes comuns de ensino regular. (Brasil, 1996)

No art. 59, a LDB determina o que os sistemas de ensino devem assegurar aos educandos com deficiência, transtornos globais do desenvolvimento (TGD) e altas habilidades ou superdotação:

Art. 59. [...]

I – currículos, métodos, técnicas, recursos educativos e organização específicos, para atender às suas necessidades;

II – terminalidade específica para aqueles que não puderem atingir o nível exigido para a conclusão do ensino fundamental, em virtude de suas deficiências, e aceleração para concluir em menor tempo o programa escolar para os superdotados;

III – professores com especialização adequada em nível médio ou superior, para atendimento especializado, bem como professores do ensino regular capacitados para a integração desses educandos nas classes comuns;

IV – educação especial para o trabalho, visando a sua efetiva integração na vida em sociedade, inclusive condições adequadas para os que não revelarem capacidade de inserção no trabalho competitivo, mediante articulação com os órgãos oficiais afins, bem como para aqueles que apresentam uma habilidade superior nas áreas artística, intelectual ou psicomotora.

V – acesso igualitário aos benefícios dos programas sociais suplementares disponíveis para o respectivo nível do ensino regular. (Brasil, 1996)

Ressaltamos que, considerando os avanços teóricos, éticos e políticos na área da educação especial e inclusiva, a LDB n. 9.394/1996 foi alterada pela Lei n. 12.796, de 4 de abril de 2013, no que se refere à nomenclatura "pessoas com necessidades especiais", substituída por "educandos com deficiência, transtornos globais do desenvolvimento e altas habilidades ou superdotação" (Brasil, 2013a). Conforme essa lei, a abrangência da modalidade de educação especial passou a ser contemplada em todos os níveis de ensino, da educação infantil ao ensino superior.

Outra alteração na LDB n. 9.394/1996 foi incorporada em decorrência da Lei n. 14.191, de 3 de agosto de 2021 (Brasil, 2021), com a inclusão de um capítulo (V-A) denominado *Da educação bilíngue de surdos*, que assegura a esse público o direito ao aprendizado da língua brasileira de sinais (Libras) como primeira língua e a língua portuguesa escrita como segunda língua. O capítulo trata ainda da oferta dos materiais didáticos adequados às necessidades dos educandos, inclusive àqueles com outras deficiências associadas, e professores bilíngues com formação e especialização adequadas em nível superior.

A Política Nacional de Educação Especial na Perspectiva da Educação Inclusiva de 2008 foi elaborada no decorrer do ano de 2007 por um grupo designado pelo Ministério da Educação (MEC), que sintetizou o resultado de debates realizados por gestores e pesquisadores da educação especial. O documento contemplou as diretrizes para a condução de uma política de educação especial, fundamentada na perspectiva inclusiva (Brasil, 2008).

Entre os programas implementados com base no contexto de elaboração da Política Nacional de Educação Especial na Perspectiva da Educação Inclusiva, podem ser citados:

- **Programa Educação Inclusiva**: Direito à diversidade (Brasil, 2005b) destinado à formação continuada dos profissionais da educação, no intuito de sensibilizar e formar gestores e educadores objetivando sistemas educacionais inclusivos.
- **Serviço de atendimento educacional especializado (AEE)**: Apoio especializado aos educandos com deficiência, transtornos globais do desenvolvimento e altas habilidades/superdotação inseridos no ensino comum, a fim de que haja interação desses estudantes com o currículo comum.
- **Programa Sala de Recursos Multifuncionais**: Esse atendimento passou a ser viabilizado às redes de ensino por meio de apoio técnico e financeiro, para atendimento aos estudantes com deficiência, TGD e altas habilidades/superdotação.
- **Programa Escola Acessível**: Visa promover a acessibilidade em prédios e mobiliários, bem como o acesso à comunicação e à informação (Brasil, 2022).
- **Programa Transporte Escolar Acessível**: Visa contribuir para a acessibilidade e a inclusão das pessoas com deficiência ou mobilidade reduzida às classes comuns das escolas.

Durante a escrita deste livro, foi implementada, por meio do Decreto n. 10.502, de 30 de setembro de 2020 (Brasil, 2020a), a nova política de educação especial no país. Desde então, essa política, denominada *Política Nacional de Educação Especial Equitativa*,

Inclusiva e com Aprendizado ao Longo da Vida[16], é alvo de inúmeras críticas, com argumentos contrários e favoráveis.

No início do documento, na Seção Nota do Ministro, o Ministro da Educação, na ocasião, Milton Ribeiro, afirma que a política de educação especial passou por avanços e retrocessos ao longo do tempo e que "Atualmente, urge reconhecer que muitos educandos não estão sendo beneficiados com a inclusão em classes regulares [...]" (Brasil, 2020c, p. 6). Por meio da nova política, o governo estaria, portanto, ampliando direitos e propiciando aos familiares e educandos que "além da garantia do acesso à escola comum, tenham também o direito a escolas especializadas, sempre que estas forem consideradas, por eles mesmos, como a melhor opção" (Brasil, 2020c, p. 7).

Na apresentação do referido texto, a Secretária de Modalidades Especializadas de Educação, Ilda Ribeiro Peliz, corrobora que, "na concepção da PNEE 2020, todas as escolas das redes de ensino, públicas ou privadas, devem ser inclusivas, ou seja, devem estar abertas a todos (Brasil, 2020c, p. 10). Em seguida, destaca que a legislação brasileira determina que os sistemas de ensino sejam, preferencialmente, inclusivos. Portanto, por se compreender que não se trata de obrigatoriedade nos termos do marco legal e por entender que muitas pessoas com deficiência estão fora da escola regular, uma vez que não têm

---

[16] Em 1º de dezembro de 2020, o Decreto presidencial 10.502/2020, que instituía a nova Política de Educação Especial Equitativa, Inclusiva e com Aprendizado ao Longo da Vida, foi suspenso pelo Ministro Dias Toffoli, do Supremo Tribunal Federal (STF). No dia 18 de dezembro do mesmo ano, sua decisão foi referendada pela maioria dos demais Ministros do STF, que julgaram a inconstitucionalidade do decreto, uma vez que este fragilizaria as políticas de inclusão no País.

suas demandas atendidas da melhor forma na escola regular inclusiva, na atual política, defende-se a manutenção e a criação de escolas e classes especializadas, além de classes e escolas bilíngues para surdos (Brasil, 2020c).

No art. 2º, incisos VI e VII, do Decreto n. 10.502/2020, está a definição de alguns serviços, como escolas e classes especializadas:

> [...]
>
> VI – escolas especializadas – instituições de ensino planejadas para o atendimento educacional aos educandos da educação especial que não se beneficiam, em seu desenvolvimento, quando incluídos em escolas regulares inclusivas e que apresentam demanda por apoios múltiplos e contínuos;
>
> VII – classes especializadas – classes organizadas em escolas regulares inclusivas, com acessibilidade de arquitetura, equipamentos, mobiliário, projeto pedagógico e material didático, planejados com vistas ao atendimento das especificidades do público ao qual são destinadas, e que devem ser regidas por profissionais qualificados para o cumprimento de sua finalidade; [...]. (Brasil, 2020a)

Acerca da opção da família pelo atendimento considerado mais adequado, o Decreto n. 10.502/2020 expressa:

> Art. 3º [...]
>
> VI – participação de equipe multidisciplinar no processo de decisão da família ou do educando quanto à alternativa educacional mais adequada;
>
> [...]

Art. 6º [...]

IV – priorizar a participação do educando e de sua família no processo de decisão sobre os serviços e os recursos do atendimento educacional especializado, considerados o impedimento de longo prazo e as barreiras a serem eliminadas ou minimizadas para que ele tenha as melhores condições de participação na sociedade, em igualdade de condições com as demais pessoas. (Brasil, 2020a)

Entre alguns críticos ao Decreto n. 10.502/2020 estão defensores e especialistas da área que consideram essa política como um retrocesso, pois, ao propor classes e escolas especiais destinadas aos estudantes com deficiência, o Brasil estaria na contramão da perspectiva inclusiva tal como determinada no marco legal brasileiro e nas convenções e acordos internacionais.

Alguns opositores dessa política argumentam que, ao propor classes e escolas especializadas, criamos a possibilidade de segregação aos estudantes da educação especial, contrariando a política inclusiva (Brasil, 2008), que, embora em construção no contexto da prática, foi uma importante conquista social. Para analisar a denominada *atual política de educação especial* (Brasil, 2020c), precisaremos, além de acompanhar os embates políticos, jurídicos e pedagógicos em curso, avaliar seus resultados ao longo de alguns anos depois de implementada, verificando as repercussões na vida e na aprendizagem das pessoas com deficiência.

Nesse sentido, implementar políticas como inovação pode ser improdutivo se elas não contarem com o devido suporte financeiro, de pessoal e pedagógico para que os profissionais envolvidos possam desenvolver um trabalho de qualidade com os estudantes. Além disso, para que as políticas sejam efetivadas, é importante que os profissionais que implementarão as ações sejam convidados a participar e a contribuir com seu conhecimento e sua experiência, bem como é de extrema relevância que a sociedade civil seja também ouvida em suas demandas.

Dessa forma, decretar mudanças, embora pareça mais fácil e ágil, pode gerar resultados diferentes daqueles que foram prometidos no texto. A construção de políticas por meio de procedimentos democráticos é, de fato, mais difícil porque é preciso mediar conflitos, coordenar diferentes vozes e interesses, planejar ações, além de resgatar princípios que podem unificar as políticas e os procedimentos, visado consensos que atendam a coletividade, entre outros aspectos próprios que emergem em discussões nas quais se reúnem interesses diversos e, por vezes, conflitantes.

A construção democrática não garante perfeição, afinal, no processo democrático também emergem conflitos resultantes de interesses divergentes, mas possibilita que muitas vozes sejam ouvidas e expressem suas demandas. Além disso, por meio do diálogo, é possível a construção de consensos pautados em princípios que podem unificar (ainda que minimamente) os grupos divergentes.

Outro aspecto relevante no processo democrático é que ele exige responsabilidade de todos os envolvidos. Nesse sentido, não podemos esperar soluções salvacionistas por parte de um único sujeito, mas por meio do envolvimento de muitos, em colaboração de setores diversos afetos ao tema da política ou do programa a ser efetivado e também da sociedade, conforme sua organização. É um processo árduo, mas profícuo, pois está (se realmente democrático) pautado em valores como respeito à diversidade, compromisso, solidariedade e alteridade.

Textos de políticas e programas são fundamentais como ponto inicial para transformar uma dada realidade, mas precisam, necessariamente, de efetivação prática, com as devidas condições mantidas pelo Poder Público ou mantenedora responsável, voltadas aos interesses do público ao qual se destinam, bem como condições de trabalho e formação continuada favoráveis aos profissionais responsáveis pelas intervenções direcionadas aos estudantes.

A Lei n. 13.005, de 25 de junho de 2014 (Brasil, 2014a), institui o Plano Nacional de Educação (PNE), com diretrizes, metas e estratégias educacionais para garantir o direito à educação a serem efetivadas no período de 2014 a 2024. O cumprimento dessas metas e estratégias é acompanhado e monitorado semestralmente por um colegiado, a Instância Permanente de Negociação e Cooperação Federativa entre a União, os Estados, o Distrito Federal e os Municípios, conforme previsto no art. 7º, parágrafo 5º, da referida lei (Brasil, 2014a).

No que se refere ao público-alvo da educação especial, destacamos a Meta número 4 do PNE, que prevê

> universalizar, para a população de 4 (quatro) a 17 (dezessete) anos com deficiência, transtornos globais do desenvolvimento e altas habilidades ou superdotação, o acesso à educação básica e ao atendimento educacional especializado, preferencialmente na rede regular de ensino, com a garantia de sistema educacional inclusivo, de salas de recursos multifuncionais, classes, escolas ou serviços especializados, públicos ou conveniados. (Brasil, 2014b, p. 11)

Acerca da evolução das matrículas relativas ao público da educação especial nas classes comuns, o documento intitulado *Planejando a próxima década: conhecendo as 20 metas do Plano Nacional de Educação*, publicado pelo MEC em 2014, informa:

> Os resultados do Censo Escolar da Educação Básica de 2013 indicam que, do total de matrículas daquele ano (843.342), 78,8% concentravam-se nas classes comuns, enquanto, em 2007, esse percentual era de 62,7%. Também foi registrado, em 2013, que 94% do total de matrículas de alunos com deficiência, transtornos globais do desenvolvimento e altas habilidades ou superdotação em classes comuns do ensino regular se concentraram na rede pública. (Brasil, 2014b, p. 24)

É evidente, portanto, o reflexo das políticas inclusivas no país, o que não descarta o reconhecimento de desafios como a necessidade de "práticas que procurem dar consistência ao trabalho que associa o direito à educação e a efetiva acessibilidade ao currículo" (Correia; Baptista, 2018, p. 14).

Nesse sentido, destacamos que, durante os estudos e levantamentos estatísticos para a elaboração do PNE 2014, foram constatados os desafios que deveriam ser enfrentados pelos gestores para a construção de políticas visando a uma escola inclusiva. A tabela a seguir, que apresenta os dados anteriormente mencionados, referente ao período de 2007 a 2013, ilustra parte desse desafio.

Tabela 1.1 – Número de matrículas na educação especial
(2007-2013)

Rede	Ano	Matrículas de Educação Especial		
		Total	Classes Especiais e Escolas Exclusivas	Classes Comuns (Alunos incluídos)
Privada	2007	244.325	224.112	20.213
	2008	228.612	205.475	23.137
	2009	184.791	163.556	21.235
	2010	169.983	142.887	27.096
	2011	163.409	130.798	32.611
	2012	178.589	141.431	37.158
	2013	178.876	139.794	39.082
Δ% 2012/2013		0,2	-1,2	5,2
Pública	2007	410.281	124.358	285.923
	2008	467.087	114.449	352.638
	2009	254.927	89.131	365.796
	2010	532.620	75.384	457.236
	2011	588.896	63.084	525.812
	2012	641.844	58.225	583.619
	2013	664.466	54.627	609.839
Δ% 2012/2013		3,5	-6,2	4,5

Fonte: Brasil, 2014c, p. 28.

Conforme consta no documento Planejando a Próxima Década, os dados indicavam um predomínio das matrículas da educação especial na rede pública, com crescimento gradual de estudantes incluídos nas classes comuns, mas ainda havia um número expressivo que se encontrava em classes especiais e escolas exclusivas, tanto na rede pública quanto privada. Observa-se ainda que a rede privada concentrava um número maior de estudantes nas classes especiais e escolas exclusivas. Portanto, esse público das classes especiais e escolas exclusivas contabilizava uma demanda a ser atendida pelo Poder Público, implicando a necessidade de ampliação de vagas públicas nas classes comuns do ensino regular, no intuito de atender a política educacional inclusiva (Brasil, 2014).

Outro aspecto, destacado no documento (Brasil, 2014), que merece nossa atenção está em nota, na legenda da tabela, onde se informa que "não inclui matrículas em turmas de atendimento complementar e atendimento educacional especializado". A ausência dessa informação indicava um dos desafios aos gestores para contabilizar esses estudantes e implementar ou ampliar serviços de AEE que são fundamentais na escola inclusiva, como dispõe o Decreto n. 7.611, de 17 de novembro de 2011:

> Art. 2º A educação especial deve garantir os serviços de apoio especializado voltado a eliminar as barreiras que possam obstruir o processo de escolarização de estudantes com deficiência, transtornos globais do desenvolvimento e altas habilidades ou superdotação.
>
> § 1º Para fins deste Decreto, os serviços de que trata o **caput** serão denominados atendimento educacional especializado, compreendido como o conjunto de atividades, recursos de acessibilidade e pedagógicos organizados institucional e continuamente, prestado das seguintes formas:
>
> I – complementar à formação dos estudantes com deficiência, transtornos globais do desenvolvimento, como apoio permanente e limitado no tempo e na frequência dos estudantes às salas de recursos multifuncionais; ou

II – suplementar à formação de estudantes com altas habilidades ou superdotação. (Brasil, 2011a, grifo do original)

Sem a oferta de caráter complementar ou suplementar do AEE, não se efetiva a construção da autonomia do estudante para sua permanência na escola e sua continuidade qualitativa nos estudos, comprometendo a real inclusão dos estudantes.

A Lei n. 13.146/2015 institui a Lei Brasileira de Inclusão da Pessoa com Deficiência, conhecida também como *Estatuto da Pessoa com Deficiência*:

> Art. 1º É instituída a Lei Brasileira de Inclusão da Pessoa com Deficiência (Estatuto da Pessoa com Deficiência), destinada a assegurar e a promover, em condições de igualdade, o exercício dos direitos e das liberdades fundamentais por pessoa com deficiência, visando à sua inclusão social e cidadania.
>
> Parágrafo único. Esta Lei tem como base a Convenção sobre os Direitos das Pessoas com Deficiência e seu Protocolo Facultativo, ratificados pelo Congresso Nacional por meio do Decreto Legislativo nº 186, de 9 de julho de 2008, em conformidade com o procedimento previsto no § 3º do art. 5º da Constituição da República Federativa do Brasil, em vigor para o Brasil, no plano jurídico externo, desde 31 de agosto de 2008, e promulgados pelo Decreto nº 6.949, de 25 de agosto de 2009, data de início de sua vigência no plano interno.
>
> Art. 2º Considera-se pessoa com deficiência aquela que tem impedimento de longo prazo de natureza física, mental, intelectual ou sensorial, o qual, em interação com uma ou mais barreiras, pode obstruir sua participação plena e efetiva na sociedade em igualdade de condições com as demais pessoas.

§ 1º A avaliação da deficiência, quando necessária, será biopsicossocial, realizada por equipe multiprofissional e interdisciplinar [...]. (Brasil, 2015a)

O Estatuto da Pessoa com Deficiência é bastante relevante porque, além de outros fatores relativos à garantia de direitos, trata da acessibilidade não apenas em relação ao aspecto arquitetônico. Conforme sistematizou Sassaki (2002, citado por Brasil, 2013b), a acessibilidade foi contemplada nas seguintes tipologias[17]: acessibilidade arquitetônica, acessibilidade metodológica acessibilidade programática, acessibilidade instrumental, acessibilidade nos transportes, acessibilidade nas comunicações e acessibilidade digital, que serão detalhadas posteriormente.

Como verificamos até aqui, a reivindicação pela inclusão e o conteúdo de documentos e de legislações revelam os processos de exclusão que marcam a história de nossa sociedade. Nesse sentido, é importante que façamos uma reflexão para percebermos os valores implícitos nas decisões tomadas no âmbito das instituições públicas, principalmente as da área jurídica, bem como pelo setor privado.

Por vezes, ao seguir algumas normas ou tradições socioculturais sem a devida reflexão, podemos, carregados de boas intenções, ao invés de incluir, promover a exclusão de certos grupos sociais.

A exclusão, como afirmado em estudo organizado por Sawaia (2001), não está circunscrita às dimensões física,

---

[17] Essas tipologias foram classificadas com base em estudos de Sassaki (2002b) e no documento *Referenciais de acessibilidade na educação superior* (Brasil, 2013b, p. 37-39).

geográfica ou material, pois essa rejeição atinge também a dimensão cultural, quando os sujeitos não têm seus valores reconhecidos. Além disso, Sawaia (2001) aborda a dialética dos termos *exclusão/inclusão*, os quais, embora semanticamente opostos, sob uma análise sociológica, são também complementares, visto que, segundo a autora:

> A sociedade exclui para incluir e esta transmutação é condição da ordem social desigual, o que implica o caráter ilusório da inclusão. Todos estamos incluídos de algum modo, nem sempre decente e digno, no circuito reprodutivo das atividades econômicas, sendo a grande maioria da humanidade inserida através da insuficiência e das privações, que se desdobram para fora do econômico. (Sawaia, 2001, p. 8)

Assim, podemos inferir que, ao tentar combater a exclusão, muitas vezes, gestores, especialistas e profissionais que elaboram e/ou executam as ações político-pedagógicas tendem a naturalizar as desigualdades, como se elas fossem insuperáveis, em vista do modelo econômico vigente. Temos ainda situações nas quais o próprio discurso da inclusão pode servir para excluir, quando se faz, por exemplo, uma inserção meramente formal, sem as condições efetivas para a participação e a valorização das pessoas em todas as suas dimensões humanas, configurando uma "inserção social perversa" (Sawaia, 2001, p. 8).

Portanto, a reflexão sobre o movimento exclusão/inclusão é fundamental na ordem do planejamento das políticas públicas, pois, algumas vezes, na intenção de promover o combate à exclusão, corremos o risco de reforçá-la, falseando processos inclusivos. Aos planejadores das políticas e programas, é primordial analisar se ações efetivadas atenderão, de fato, as demandas das pessoas que se pretende incluir em determinada área, e se essas ações permitem a esses sujeitos que manifestem e desempenhem, de maneira gradativa e cada vez mais autônoma, seu potencial humano. Há que se considerar, nesse processo, tanto as singularidades quanto a coletividade.

1.3 Alguns percalços para efetivação de práticas inclusivas: entre o legal e o real

No que tange à inclusão de pessoas com deficiência, transtornos globais do desenvolvimento e altas habilidades/superdotação, fica claro que a sociedade precisa experimentar processos de inclusão para aprender a incluir. Esses processos exigem, além de empatia e respeito às diferenças, a responsabilidade dos gestores públicos e privados em adequar os espaços físicos e o currículo às necessidades dessas pessoas para que se garanta a sua acessibilidade.

A formação de profissionais nas instituições educacionais para compreender e atender demandas individuais das pessoas com deficiência, transtornos globais do desenvolvimento e altas habilidades/superdotação é outro aspecto fundamental que precisa ser garantido pelos gestores (em especial, das instâncias de decisão e elaboração de políticas) aos profissionais que se encontram nos espaços educativos, na ação cotidiana e efetiva com os estudantes. É preciso conhecer para fazer as adequações e as intervenções mais assertivas.

Nesse sentido, retomamos o art. 59 da LDB (Lei n. 9.394/1996), chamando a atenção para o inciso III, que define o tipo de formação necessária aos profissionais para que se garanta o direito à educação ao público-alvo da educação especial:

> Art. 59. Os sistemas de ensino assegurarão aos educandos com deficiência, transtornos globais do desenvolvimento e altas habilidades ou superdotação: (Redação dada pela Lei nº 12.796, de 2013)
>
> [...]
>
> III – professores com especialização adequada em nível médio ou superior, para atendimento especializado, bem como professores do ensino regular capacitados para a integração desses educandos nas classes comuns; [...]. (Brasil, 1996)

A formação de professores, tanto para o atendimento especializado quanto para o atendimento no ensino regular, é destacada nesse inciso. Em geral, essa formação é exigida, inclusive, para o ingresso profissional nos espaços de atendimento educacional especializado. Entretanto, a existência de "professores do ensino regular capacitados para a integração desses educandos nas classes comuns", como determina a LDB (Brasil, 1996), é alvo de críticas dos professores pela ausência ou escassez de processos formativos, conforme indicam algumas pesquisas que, guardadas as particularidades de suas análises e concepções, evidenciam ainda outras dificuldades enfrentadas no contexto da prática para uma inclusão efetiva.

Alguns desses desafios sistematizados por Anjos, Andrade e Pereira (2009), consistem em estrutura física inadequada; na ausência de recursos específicos, adaptados às necessidades dos educandos e pouca ou nenhuma articulação entre pessoal do apoio especializado e do ensino regular. Apesar de apontar os problemas, segundo as autoras, os professores pesquisados não apresentavam uma postura de enfrentamento às situações relatadas.

Como destacamos, embora os professores alvo da pesquisa tenham proferido críticas à ausência ou escassez de processos formativos e outras limitações, esses docentes não mostraram uma mobilização política ou pedagógica no sentido de enfrentamento ou superação das condições que, na sua visão, seriam empecilhos para um trabalho mais qualificado direcionado aos educandos com deficiência, transtornos globais do desenvolvimento e altas habilidades/superdotação, o que indica um comportamento de passividade ou, até mesmo, certa adesão a uma condição que reforça a exclusão, ainda que não haja essa intenção deliberada.

No Brasil, movimentos pela inclusão atingem positivamente aqueles que precisam ser incluídos, mas também mobilizam muitos outros sujeitos sociais para novas aprendizagens, posto que muitos passam a perceber suas fragilidades de formação para atender um público tão diverso e precisam se organizar como classe para reivindicar formação e melhores condições de trabalho. As fragilidades das instituições no que se refere à estrutura física para acessibilidade também são evidenciadas, indicando que precisam ser repensadas e modificadas.

As condições para o acesso ao conhecimento são questionadas e também revistas, pois metodologias diferenciadas e diversificadas precisam ser implementadas para atender à diversidade de modos de aprender e acessar o currículo dos que passam a compor os espaços educativos das escolas comuns, das quais outrora estavam excluídos.

Também foi viabilizado que a comunidade educacional, composta por estudantes, profissionais e familiares, experimentasse a convivência com o público da educação especial.

Por um lado, esses têm sido desafios importantes, tanto no plano individual quanto coletivo; por outro, no entanto, mobilizam ações transformadoras em nosso potencial de humanidade, em nossa capacidade de nos relacionar e de aprender com o outro, em nosso potencial para transformar uma dada realidade, antes pautada numa suposta homogeneidade, para o reconhecimento da heterogeneidade.

Essa heterogeneidade exigiu dos gestores públicos e privados novos olhares e demandas de serviços para um público crescente e diverso. Portanto, a inclusão é um fator que mobiliza muitos sujeitos sociais e exige o atendimento a demandas das mais diversas para atender o direito de todos. Como fator que revela nossas fragilidades, não por acaso, a inclusão é um processo que precisa ser continuamente acompanhado por todos que elaboram as políticas públicas.

A depender da concepção subjacente às políticas, elas podem fortalecer ou inibir processos inclusivos. Estes exigem ainda mais responsabilidade institucional de quem ocupa altos cargos no governo, para que contemplem a devida manutenção financeira e as demais condições das instituições educacionais para que estas possam viabilizar um serviço de qualidade à diversidade de sujeitos e de demandas que integram o espaço educacional.

Síntese

Neste capítulo, apresentamos a concepção de sociedade que repercute em processos de exclusão e de inclusão. Como vimos, um breve resgate histórico da origem da instituição escolar nos lembra de seu caráter excludente, destinado a um público específico, conforme padrões supostamente homogêneos[18], com base em um modelo ideal no que se refere a níveis de aprendizagem, classe social, gênero, entre outros. Dessa forma, aqueles que não se enquadram nesse modelo não são aceitos ou encontram muitas barreiras para permanecer nas instituições educacionais. Como consequência das transformações sociais e dos questionamentos sobre a função social da escola, o padrão homogêneo e excludente passa a ser criticado, e a escola, pela mobilização de diferentes grupos, precisa incluir a diversidade.

Analisamos também que a sociedade de classes apresenta uma estrutura essencialmente desigual, que exige organização por parte das populações excluídas para que reivindiquem e garantam seus direitos. Recorremos a estudos que evidenciam as contradições também da educação, a qual, como parte dessa sociedade, ora reproduz, ora viabiliza transformações – portanto, num duplo movimento de exclusão e inclusão, que não acontecem em momentos isolados, mas de forma concomitante.

---

[18] Ainda que a educação conservadora almeje grupos homogêneos, sempre haverá a presença da singularidade que caracteriza cada ser humano. Entretanto, isso não significa que esse modelo de educação e de escola não tenham historicamente formado e atendido grupos com mais semelhanças (portanto, mais homogêneos) que grupos pautados em diferenças (heterogêneos).

Discutimos ainda o papel da educação na formação humana, extrapolando as exigências econômicas, que não podem determinar a função da escola, visto que a educação é essencial, desde as comunidades primitivas, no processo de humanização.

Destacamos, por fim, a estreita relação entre inclusão, democracia e direitos humanos, apresentando alguns documentos internacionais que refletiram na legislação e na política nacional, conforme o período histórico e as respectivas compreensões sobre deficiência e princípios que norteavam os processos inclusivos.

Atividades de autoavaliação

1. Sobre a concepção de sociedade e a relação com a educação, analise as afirmativas a seguir e julgue-as verdadeiras (V) ou falsas (F).

    ( ) A educação reproduz, exclusivamente, as relações sociais determinadas pelas necessidades do modo de produção capitalista.

    ( ) A sociedade capitalista é marcada por contradições, pois, ao mesmo tempo que reproduz desigualdades, possibilita avanços inclusivos. O mesmo ocorre na instituição escolar, num duplo movimento de conservação e transformação.

    ( ) A educação é isenta de exercer contribuições voltadas à transformação social, visto que seu papel é garantir a transmissão e a assimilação do saber sistematizado.

    ( ) É inviável analisar a escola com base no funcionamento da sociedade. Afinal, seu papel se restringe à transmissão de conteúdos curriculares.

( ) Quando, na escola, o professor relaciona os conteúdos curriculares a situações do contexto social, político e cultural atuais, contribui para o aprendizado e o desenvolvimento da capacidade de análise e de resolução de problemas por parte dos estudantes.

Agora, assinale a alternativa que apresenta a sequência correta:

a) V, V, F, F, F.
b) F, V, F, F, F.
c) F, V, V, F, F.
d) F, F, V, V, F.
e) F, V, F, F, V.

2. Analise as afirmações a seguir sobre as origens da escola na sociedade de classes.
   I) Nas comunidades primitivas, trabalho e educação eram indiferenciados, pois o trabalho não exigia níveis de especialização.
   II) No capitalismo, a escola é uma das instituições responsáveis pela transmissão dos conhecimentos e valores condizentes com esse modo de produção.
   III) Inicialmente, a escola foi destinada aos grupos privilegiados da sociedade. No capitalismo, a expansão da educação passa a ser necessária. Entretanto, para manter as relações de dominação, não se permite ainda sua plena democratização.

IV) Na educação, historicamente, há o predomínio das demandas coletivas por processos democráticos, o que repercutiu em legislações e ações de caráter inclusivo, o que explica a ausência de conflitos na área da educação especial.

V) A educação exerce um papel fundamental na constituição do homem como ser social, de tal forma que esta se configura como um direito fundamental nas sociedades democráticas.

Estão corretas as afirmações:

a) I, II, III e IV.
b) II, III, IV e V.
c) I, II, III e V.
d) I e V.
e) Todas as afirmações são verdadeiras.

3. Com base nos estudos deste capítulo, assinale a alternativa correta:

a) A educação como política social atua, historicamente, de modo igualitário quanto aos resultados de aprendizagem a todos os estudantes, uma vez que não sofre influências das desigualdades do contexto mais amplo.

b) A educação como política social é resultado de relações de poder e interesses divergentes, portanto, as ações educacionais apresentam um duplo movimento de exclusão e inclusão, o que exige constante mobilização para ampliar processos inclusivos.

c) A educação como política social é determinada, exclusivamente, pelo poder governamental, o que exime os profissionais e gestores locais de qualquer ação transformadora.

d) A educação como política social deve priorizar a cooperação comunitária, pois o Estado está sobrecarregado com financiamentos em outras áreas.
e) À educação, como política social, basta a garantia do acesso, pois os resultados educacionais não transformam a realidade das pessoas.

4. Assinale a alternativa **incorreta**:
   a) A educação inclusiva está diretamente relacionada com a sociedade democrática e os direitos humanos.
   b) Campanhas educativas sobre inclusão e direitos humanos são ineficazes, pois não atingem todos os públicos, não sendo indicadas pelos acordos internacionais relativos ao tema.
   c) Os discursos proferidos por personalidades públicas, em qualquer área de atuação, exercem grande influência para uma sociedade mais inclusiva, o que exige grande responsabilidade e busca de conhecimento.
   d) A nomenclatura do público da educação especial foi alterada conforme os avanços nos estudos sobre a área. Atualmente, a terminologia correta é "pessoa com deficiência" e suas variações, como estudante com deficiência, jovem com deficiência etc.
   e) O estudo sobre os direitos humanos por parte de gestores de políticas públicas pode viabilizar ações mais comprometidas com o desenvolvimento humano e a preservação da natureza.

5. Sobre os conceitos de segregação, integração e inclusão, analise as afirmativas a seguir e julgue-as verdadeiras (V) ou falsas (F).

( ) Para efetivar práticas inclusivas, é fundamental acreditar que todo ser humano é capaz de aprender.
( ) As práticas de segregação priorizavam a institucionalização, pois partiam da visão patológica das deficiências.
( ) A diferenciação pedagógica, fundamental para práticas inclusivas, contribui para a aprendizagem de todos os estudantes, afinal, é possível acessar o conhecimento de formas diversas.
( ) Quando, na instituição educacional, o estudante com deficiência precisa se adaptar às condições existentes, pois estas não atendem suas necessidades específicas, estamos diante de um exemplo de prática de inclusão.
( ) A diferenciação pedagógica e a adequação de espaços físicos e materiais pode constranger o estudante com deficiência, portanto, são práticas contraindicadas quando se pretende efetivar a inclusão.

Assinale a alternativa que apresenta a sequência correta:

a) V, V, V, V, F.
b) F, V, F, F, F.
c) F, V, V, F, F.
d) V, V, V, F, F.
e) F, V, F, F, V.

Atividades de aprendizagem

Questões para reflexão

1. Leia o texto indicado para fazer as atividades sugeridas:

    ANJOS, H. P. dos; ANDRADE, E. P. de; PEREIRA, M. R. A inclusão escolar do ponto de vista dos professores: o processo de constituição de um discurso. **Revista Brasileira de Educação**, v. 14, n. 40, p. 116-129, jan./abr. 2009. Disponível em: <https://www.scielo.br/pdf/rbedu/v14n40/v14n40a10.pdf>. Acesso em: 14 jan. 2022.

    a) Elabore um quadro e extraia do texto as informações sobre os conceitos de segregação, integração e inclusão:

    Sugestão de quadro:

Princípio organizador da educação especial	Conceito/ explicação	Ambiente destinado aos estudantes
Segregação		
Integração		
Inclusão		

    b) No texto de Anjos, Andrade e Pereira (2009, p. 117), encontramos a seguinte afirmação:

    "A difusão das ideias inclusivas adotadas no Brasil como linha política e a decorrente decisão de matricular na escola regular os alunos com deficiência trouxeram à luz o fato de que concepções e práticas segregacionistas, integracionistas e inclusivistas convivem e se enfrentam no cotidiano das escolas."

Você percebe a coexistência dessas práticas na escola onde atua (ou na escola observada)? Cite exemplos (sem citar nomes de pessoas ou instituições). A que você atribui a coexistência das práticas fundadas em conceitos segregacionistas, integracionistas e inclusivistas?

2. Como a educação inclusiva está imbricada com os direitos humanos, assista ao vídeo indicado a seguir e leia a DUDH. Em seguida, elabore uma síntese, explicando a contribuição da DUDH para a construção de uma educação inclusiva.

UNITED FOR THE HUMAN RIGHTS. **A história dos direitos humanos**. Disponível em: <https://www.youtube.com/watch?v=uCnIKEOtbfc>. Acesso em: 19 fev. 2022.

UNICEF – Fundo das Nações Unidas para a Infância. **Declaração Universal dos Direitos Humanos**. 1948. Disponível em: <https://www.unicef.org/brazil/declaracao-universal-dos-direitos-humanos>. Acesso em: 14 jan. 2022.

Atividade aplicada: prática

1. Entreviste um professor aposentado de seu município que tenha atuado em educação especial e pergunte como se dava esse atendimento: os estudantes eram atendidos em escola especial, escola comum ou escola comum com atendimento especializado? Como era desenvolvido o trabalho pedagógico? Quais deficiências eram atendidas em seu local de trabalho? Quantos estudantes eram atendidos por sala?

   Obs.: Explique que o objetivo da entrevista é de caráter estritamente pedagógico, para sua aprendizagem.

Capítulo 2
Gestão escolar e democracia: algumas considerações para a gestão inclusiva

Maria Aparecida da Silva

No título deste capítulo, usamos a palavra *considerações* porque não pretendemos responder a todas as questões que podem ser levantadas acerca dessa temática complexa, em vista dos contextos político, econômico e cultural nos quais se insere a educação. Também não pretendemos apresentar inovações, mas destacar parte do que já está consolidado na legislação e na literatura voltadas a uma gestão educacional inclusiva.

Nesse sentido, os conteúdos expostos nesta obra abordam princípios e considerações a respeito da educação inclusiva que, além de pautada pela legislação específica sobre o tema, é intrínseca aos direitos previstos na Declaração Universal dos Direitos Humanos (DUDH). Como sabemos, no período pós-guerra, diante da necessidade de resgate dos direitos dos povos, os princípios da DUDH foram incorporados ao ordenamento jurídico dos países signatários (Costa-Renders, 2015). Ressaltamos que a DUDH, para além do âmbito jurídico, iniciou um processo de "mudança de comportamento social" (Brasil, 2006, citado por Costa-Renders, 2015, p. 122) que ainda não se esgotou, uma vez que, cotidianamente, tomamos conhecimento de graves violações dos direitos humanos no Brasil e no mundo.

A educação é uma das principais ferramentas para essa mudança de comportamento social, tão necessária para uma sociedade mais justa, inclusiva e solidária.

2.1 O desafio perante a descontinuidade das políticas comprometidas com os direitos humanos

Um dos problemas que podem dificultar a manutenção de uma cultura dos direitos humanos e, portanto, de inclusão social e consolidação da democracia, é a "descontinuidade nas políticas" (Saviani, 2014, p. 34). Políticas de governo são comuns no Brasil; assim, bons programas criados numa gestão de governo costumam ser extintos em novas gestões. Sofremos, então, pela descontinuidade das boas políticas quando estas são arduamente efetivadas. Faltam políticas de Estado que tenham sequência, continuidade, avaliação e reformulação, independentemente dos sujeitos que ocupem o governo. Os projetos e programas não ganham a marca de política de Estado, mas de determinada gestão de governo.

Ao explicar a descontinuidade das inúmeras reformas pelas quais a educação brasileira tem passado, Saviani (2014, p. 34) utiliza a metáfora do zigue-zague, que "indica o sentido tortuoso, sinuoso das variações e alterações sucessivas observadas nas reformas".

Para superar esse problema, os governos devem pautar-se por princípios que norteiem suas ações no intuito de efetivar políticas de Estado acompanhadas pela sociedade civil organizada, o que seria a consolidação do interesse público.

2.2 Um começo de conversa sobre gestão democrática e inclusão

Se ainda falamos em incluir, é porque temos muita gente "do lado de fora", excluída de todo o avanço científico, econômico cultural e tecnológico que a humanidade produziu até o momento. Essa exclusão se refere ao acesso ao considerado elementar para a vida humana no século XXI. O acesso à leitura, por exemplo, é elementar em nosso tempo, que exige a recepção e a interpretação de informações veiculadas pelos meios de comunicação, a aquisição de novos conhecimentos oriundos do avanço tecnológico e a análise crítica dos diversos textos veiculados, bem como da realidade vivida. Das letras impressas no papel, atingimos a escrita em suportes e plataformas virtuais, mas ainda temos 6,6% da população brasileira em condição de analfabetismo[1], o que corresponde a 11 milhões de pessoas. Trata-se de um dado que não coaduna com a evolução científica e tecnológica de nosso tempo.

Esse dado é apenas um exemplo da relevância das políticas públicas e da gestão da educação, que podem estar voltadas à manutenção das desigualdades ou ao seu enfrentamento, visando a superação dos problemas. Portanto, gestores públicos que se encontram nas instâncias de decisão e definição de programas e ações têm grande responsabilidade em propor e efetivar ações que possam reparar os prejuízos causados pela exclusão.

---

[1] Dados da Pesquisa Nacional por Amostra de Domicílios Contínua (PNAD Contínua) 2019 indicam que "a taxa de analfabetismo das pessoas de 15 anos ou mais de idade foi estimada em 6,6% (11 milhões de analfabetos). (IBGE Educa, 2021).

Sendo assim, é importante, por exemplo, estudar conceitos como igualdade e equidade, tal como abordados anteriormente, para que, ao olhar para a realidade vivida pelas pessoas em condição de exclusão, sejam oferecidas as oportunidades que viabilizem, nesse caso, o acesso ao aprendizado da leitura e da escrita.

Para garantir esse direito básico, não bastam as ações da área educacional. É preciso estudo e ações articuladas entre outras áreas como assistência social, trabalho, saúde etc., em diálogo com a sociedade acerca das demandas dos grupos que foram excluídos do acesso a educação, para que se garanta, além do acesso, a sua permanência e continuidade na instituição educacional.

Algumas das ações necessárias para que, por exemplo, adultos que não acessaram a educação voltem à escola, começam pela busca ativa, ou seja, estratégias por meio das quais o Poder Público localiza e convida as pessoas a frequentarem a escola. Outra ação importante para este público é a oferta de refeição, pois, em geral, saem do trabalho e se dirigem à escola no período noturno. Além disso, entre outros aspectos, há que pensar em metodologias que contemplem as características das pessoas na fase adulta. Trata-se apenas de uma pequena amostra do trabalho a ser realizado pelos agentes públicos, a fim de que se cumpra o compromisso com uma sociedade menos desigual.

Os dados sobre analfabetismo exemplificam o quanto nossa sociedade ainda é desigual, pois, enquanto alguns de nós acessamos as plataformas digitais para aprender ou nos divertir, muitas pessoas sequer leem ou têm em mãos papel e lápis para escrever, pois precisam cuidar de garantir a refeição do dia.

A evolução dos meios e das técnicas é altamente necessária, porém é preciso avançar ainda em outras áreas para garantir que todos tenham acesso aos bens produzidos pelo conjunto da humanidade. Parece chavão? Mas não é! Se a sociedade avançou até aqui em alguns aspectos, é porque houve a contribuição de diferentes áreas do conhecimento, em diferentes tempos históricos, para que atingíssemos o grau mais avançado em determinado conhecimento ou produto. Portanto, ainda que em algum momento uma descoberta, um produto, um determinado conhecimento seja atribuído a uma pessoa em particular, esta contou com conhecimentos acumulados anteriormente para que sua produção fosse possível.

A escrita de um texto é um exemplo também. Ao escrever, o fazemos com base no repertório anterior que nos foi possível adquirir por meio do estudo em outros textos e livros, aulas proferidas por outros professores, experiências vivenciadas no trabalho e no contato com "muitas gentes". Enfim, somos constituídos por meio de outros sujeitos, direta ou indiretamente. Nossa humanidade é formada na multiplicidade de relações que estabelecemos ao longo da vida.

Nesse sentido, falar em gestão educacional inclusiva requer pensar que as instituições educacionais são também produtos históricos, portanto, carregadas de avanços e retrocessos, ou de avanços e limites. Esses limites são concretos, estão presentes no cotidiano das instituições, e aqueles que atuam nesses espaços os conhecem muito bem.

Vamos aqui falar de princípios fundamentais para viabilizar uma gestão inclusiva, uma vez que implementar uma gestão inclusiva exige, necessariamente, assumir e efetivar uma **concepção democrática de educação**.

A Constituição Federal (CF) de 1988 (Brasil, 1988) inaugurou, no Brasil, o Estado democrático de direito em prol de uma sociedade mais justa e humanitária, contrapondo o período da ditadura, vivido anteriormente. Os objetivos desse Estado podem ser lidos no art. 3º da CF, que trata, entre outros aspectos, da eliminação de preconceitos e de quaisquer formas de discriminação, portanto, numa perspectiva inclusiva:

> Art. 3º Constituem objetivos fundamentais da República Federativa do Brasil:
>
> I – construir uma sociedade livre, justa e solidária;
>
> II – garantir o desenvolvimento nacional;
>
> III – erradicar a pobreza e a marginalização e reduzir as desigualdades sociais e regionais;
>
> IV – promover o bem de todos, sem preconceitos de origem, raça, sexo, cor, idade e quaisquer outras formas de discriminação. (Brasil, 1988)

Voltado especificamente à educação, o art. 206, inciso VI, da CF/1988 apresenta a gestão democrática da educação como um dos princípios que deverá fundamentar o ensino público no país.

Quanto à educação ofertada pelo setor privado, o art. 209 estabelece que: "O ensino é livre à iniciativa privada, atendidas as seguintes condições: I – cumprimento das normas gerais da educação nacional; II – autorização e avaliação de qualidade pelo Poder Público" (Brasil, 1988).

O art. 3º da Lei n. 9.394, de 20 de dezembro de 1996 (Lei de Diretrizes e Bases da Educação Nacional – LDB), corrobora o art. 206 da CF/1988 ao estabelecer os princípios que deverão fundamentar o ensino, entre os quais, no inciso VIII, destaca a "gestão democrática do ensino público, na forma desta Lei e da legislação dos sistemas de ensino" (Brasil, 1996).

Na LDB, ainda destacamos os arts. 14 e 56, que estabelecem, respectivamente, normas gerais para a gestão democrática da educação básica e do ensino superior:

> Art. 14. Os sistemas de ensino definirão as normas da gestão democrática do ensino público na educação básica, de acordo com as suas peculiaridades e conforme os seguintes princípios:
>
> I – participação dos profissionais da educação na elaboração do projeto pedagógico da escola;
>
> II – participação das comunidades escolar e local em conselhos escolares ou equivalentes.
>
> [...]
>
> Art. 56. As instituições públicas de educação superior obedecerão ao princípio da gestão democrática, assegurada a existência de órgãos colegiados deliberativos, de que participarão os segmentos da comunidade institucional, local e regional. (Brasil, 1996)

O Plano Nacional de Educação (PNE) – Lei n. 13.005, de 25 de junho de 2014 (Brasil, 2014a) –, já no art. 2º, adota a gestão democrática da educação como uma das suas diretrizes. No art. 9º, indica que essa diretriz precisa ser regulamentada em âmbito local, por meio de leis específicas.

Art. 9º Os Estados, o Distrito Federal e os Municípios deverão aprovar leis específicas para os seus sistemas de ensino, disciplinando a gestão democrática da educação pública nos respectivos âmbitos de atuação, no prazo de 2 (dois) anos contado da publicação desta Lei, adequando, quando for o caso, a legislação local já adotada com essa finalidade. (Brasil, 2014a)

A Meta 7 do PNE, que trata da qualidade da educação, da melhoria do fluxo escolar e da aprendizagem, destaca a gestão democrática em duas de suas estratégias:

7.4) induzir processo contínuo de autoavaliação das escolas de educação básica, por meio da constituição de instrumentos de avaliação que orientem as dimensões a serem fortalecidas, destacando-se a elaboração de planejamento estratégico, a melhoria contínua da qualidade educacional, a formação continuada dos (as) profissionais da educação e o aprimoramento da gestão democrática;

[...]

7.16) apoiar técnica e financeiramente a gestão escolar mediante transferência direta de recursos financeiros à escola, garantindo a participação da comunidade escolar no planejamento e na aplicação dos recursos, visando à ampliação da transparência e ao efetivo desenvolvimento da gestão democrática; [...]. (Brasil, 2014a)

Portanto, o PNE incorpora o marco legal acerca da gestão democrática nas instituições de educação e amplia essa compreensão destacando a gestão democrática como princípio que contribui para o cumprimento do papel da escola na garantia do direito à aprendizagem. O PNE apresenta e fortalece ainda alguns dos mecanismos de gestão democrática que podem ser efetivados para que se materialize esse princípio, como: grêmios estudantis, associações de pais e mestres, conselhos escolares, conselhos e fóruns de educação, formas de escolha dos dirigentes escolares, entre outros.

> Assim, a gestão democrática, entendida como espaço de construção coletiva e deliberação, deve ser assumida como dinâmica que favorece a melhoria da qualidade da educação e de aprimoramento das políticas educacionais, como políticas de Estado, articuladas com as diretrizes nacionais em todos os níveis, etapas e modalidades da educação. (Brasil, 2014b, p. 59)

Essa breve retomada do marco legal sobre a gestão democrática na educação foi feita no intuito de evidenciar que uma educação inclusiva nos remete, necessariamente, aos princípios da gestão democrática, pois efetivar práticas inclusivas somente se viabiliza por meio de uma concepção democrática na formulação das políticas que conduzem a sociedade. – e democracia implica convivência com a diversidade, com o diferente, o não homogêneo. Desse modo, o coletivo e o singular coexistem e se complementam. *Somos* na relação com o outro, que difere de nós, mas nos completa, nos forma.

Para efetivarmos processos democráticos, precisamos aliar aspectos teóricos que, no contexto da prática, fundamentem as ações. Os gestores públicos, por meio da administração, conforme sua área de atuação, têm a grande responsabilidade de implementar os objetivos constitucionais previstos no art. 3º da CF na esfera pública. Nesse sentido, a Carta Magna, ao estabelecer o regramento dos serviços públicos destinados à população, apresentou os princípios que devem conduzir as ações dos gestores nos âmbitos federal, estadual e municipal:

> Art. 37. A administração pública direta e indireta de qualquer dos Poderes da União, dos Estados, do Distrito Federal e dos Municípios obedecerá aos princípios de legalidade, impessoalidade, moralidade, publicidade e eficiência [...]. (Brasil, 1988)

Os princípios expressos na CF estão intrinsecamente relacionados. Sendo assim, ferir um deles significa comprometer o interesse público, finalidade máxima da gestão pública. De forma didática e sem a pretensão de esgotar o tema, explicaremos esses princípios, a seguir, com base no exposto por Giacomelli et al. (2018).

O princípio da **legalidade** determina que a atuação dos gestores está limitada ao que é expressamente contido na legislação. Portanto, o objetivo final é o bem comum, não os interesses individuais.

O princípio da **impessoalidade** orienta a agir em conformidade com a lei, imperando o interesse coletivo em detrimento de interesses ou questões particulares, seja de si, seja de algum grupo específico.

O princípio da **moralidade** apresenta uma dimensão valorativa, no sentido de que o gestor, agindo conforme determina a lei, o faz de maneira justa e correta, não incorrendo em ilegalidades ou improbidades, passíveis de controle por órgãos judiciais.

O princípio da **publicidade** trata do direito de os cidadãos terem acesso às informações dos órgãos públicos sobre os atos praticados, que serão sigilosos apenas em casos específicos, nos quais haja necessidade devidamente justificada. É a transparência nos atos públicos que permite aos cidadãos o acompanhamento e o controle sobre os resultados dos serviços destinados à coletividade.

Por fim, o princípio da **eficiência** supõe fazer sempre a melhor escolha em prol da qualidade do serviço prestado, a fim de atingir o **interesse público**, finalidade maior da administração em qualquer área de atuação.

Síntese

Neste capítulo, apresentamos os princípios fundamentais para a adoção e a efetivação de uma gestão democrática. Procuramos contextualizar algumas situações de exclusão no sentido de enfatizar a importância dos movimentos pela inclusão, o que acontece por meio da mobilização da sociedade organizada. Enfatizamos que, além de relações pautadas pelo diálogo, a educação democrática pressupõe acreditar e investir no potencial de aprendizagem de todo ser humano.

Convidamos à reflexão sobre a relação entre gestão escolar e democracia, compreendendo a escola como espaço de diálogo e de aprendizado para a cidadania, o que ocorre por meio da apropriação do conhecimento e das experiências democráticas vivenciadas no contexto escolar.

Vimos também que processos inclusivos pressupõem, necessariamente, uma sociedade guiada por princípios democráticos, contemplando os direitos humanos, fundamentais em sociedades que primam pela preservação da vida.

Abordamos a gestão democrática, já consolidada na legislação, mas incompleta ainda no contexto da prática, reafirmando a estreita relação entre educação inclusiva e gestão democrática por meio de processos participativos e exemplos vivenciados no cotidiano das instituições.

Importante lembrar que democracia não se limita a discursos, ela pressupõe e exige ações efetivas que consideram a diversidade humana nas suas diferentes manifestações: étnicas, religiosas, de gênero, de manifestações culturais, de configurações familiares, entre outros aspectos que nos torna únicos, singulares, ainda que sejamos também pertencentes ao conjunto da humanidade, da cultura humana.

Nesse sentido, tratamos dos princípios constitucionais da Administração Pública como condutores das ações pautadas no interesse público e, em seguida, apresentamos os princípios que devem guiar as ações dos gestores, bem como sua importância para estabelecer uma unidade, no sentido de guiar as ações e decisões visando o benefício coletivo, sem perder a visão para a diversidade que compõe os grupos humanos.

Atividades de autoavaliação

1. A perspectiva inclusiva está presente em vários artigos da Constituição Federal de 1988, entre eles, o art. 3º, inciso IV. Assinale a alternativa que reproduz o texto desse artigo:
    a) Promover o bem de todos, sem preconceitos de origem, raça, sexo, cor, idade e quaisquer outras formas de discriminação.
    b) É livre a expressão da atividade intelectual, artística, científica e de comunicação, independentemente de censura ou licença.

c) Constitui crime inafiançável e imprescritível a ação de grupos armados, civis ou militares contra a ordem constitucional e o Estado democrático.
d) A soberania popular será exercida pelo sufrágio universal e pelo voto direto e secreto, com valor igual para todos […].
e) São direitos dos trabalhadores urbanos e rurais, além de outros que visem à melhoria de sua condição social […] licença à gestante, sem prejuízo do emprego e do salário, com a duração de cento e vinte dias […].

2. O relatório da Organização Mundial da Saúde (OMS) comprovou que pessoas com deficiência recebem, em média, menores salários, "e as taxas de emprego para essas pessoas são menores em 53% para homens e em 20% mulheres, em comparação às pessoas sem deficiência" (Artur, 2020).

Com base na leitura do trecho citado e na Declaração dos Direitos Humanos, assinale a alternativa **incorreta**:

a) Campanhas acerca de inclusão e direitos humanos são ineficazes, pois no país já está arraigada a cultura da violência e da exclusão, sendo inviável qualquer possibilidade de mudança.
b) Apesar de os princípios da Declaração dos Direitos Humanos terem sido incorporados no arcabouço jurídico do Brasil, existe ainda uma necessidade da construção de mudança de comportamento, para que se ampliem as possibilidades de inclusão social.

c) As constantes violações de direitos humanos no país, produzindo exclusões em áreas diversas, evidenciam a necessidade de programas educativos que enfatizem a importância da inclusão e dos direitos humanos.

d) Uma escola democrática valoriza e inclui em seu planejamento o trabalho com os direitos humanos, visando a uma escola mais inclusiva.

e) A formação em direitos humanos é essencial nos currículos de formação de professores.

3. Sobre os **princípios da Administração Pública**, analise as afirmações a seguir e julgue-as verdadeiras (V) ou falsas (F).

( ) Se um gestor público emprega seu nome próprio nas propagandas de obras ou serviços realizados durante sua gestão está infringindo o princípio da impessoalidade, pois está usando o espaço público para promoção pessoal.

( ) Atos de corrupção cometidos em qualquer instância pública ferem o princípio da moralidade administrativa.

( ) Os princípios da Administração Pública são importantes porque sua aplicação visa priorizar o interesse público, o bem comum.

( ) Segundo o princípio da publicidade, os gestores públicos têm a opção de prestar contas de seus atos, caso os cidadãos pretendam acompanhar e fiscalizar os serviços prestados.

( ) São princípios da Administração Pública: legalidade, impessoalidade, moralidade, publicidade e eficiência.

Agora, assinale a alternativa que apresenta a sequência correta:

a) V, V, F, V, F.
b) F, V, F, F, F.
c) F, V, V, F, F.
d) V, V, V, F, V.
e) F, V, F, F, V.

4. Na escola pública Frida Kahlo, havia uma sala de artes onde a professora atendia todas as turmas da escola conforme horários específicos. Durante uma reunião do Conselho de Escola, a representante dos professores argumentou que a sala destinada ao lanche dos professores era muito pequena e indicava, para refeitório dos docentes, a sala de artes, que, por ser maior, comportaria melhor os profissionais.

Após a leitura da situação anterior, com base nos princípios da Administração Pública, assinale a alternativa correta:

a) Na perspectiva da Administração Pública e com base na principal função da escola, a decisão para essa reivindicação por parte do Conselho de Escola precisa considerar em sua análise os princípios da legalidade e da moralidade e, em seguida, refletir sobre alternativas que possam atender os docentes.
b) Na perspectiva da Administração Pública e com base na principal função da escola, a decisão para essa reivindicação por parte do Conselho de Escola precisa considerar em sua análise os princípios da impessoalidade e da eficiência e, em seguida, refletir sobre alternativas que possam atender os docentes.

c) Na perspectiva da Administração Pública e com base na principal função da escola, a decisão para essa reivindicação por parte do Conselho de Escola precisa considerar em sua análise os princípios da moralidade e da publicidade e, em seguida, refletir sobre alternativas que possam atender os docentes.

d) Na perspectiva da Administração Pública e com base na principal função da escola, a decisão para essa reivindicação por parte do Conselho de Escola precisa considerar em sua análise os princípios da publicidade e da eficiência e, em seguida refletir, sobre alternativas que possam atender os docentes.

e) Na perspectiva da Administração Pública e com base na principal função da escola, a decisão para essa reivindicação por parte do Conselho de Escola precisa considerar em sua análise os princípios da eficiência e da legalidade e, em seguida, refletir sobre alternativas que possam atender os docentes.

5. O trecho a seguir trata de uma das estratégias para atingir a Meta 7 do Plano Nacional de Educação (PNE):

"7.4) induzir processo contínuo de autoavaliação das escolas de educação básica, por meio da constituição de instrumentos de avaliação que orientem as dimensões a serem fortalecidas, destacando-se a elaboração de planejamento estratégico, a melhoria contínua da qualidade educacional, a formação continuada dos (as) profissionais da educação e o aprimoramento da gestão democrática" (Brasil, 2014a).

Assinale a alternativa que indica os objetivos principais dessa estratégia:

a) A qualidade da educação e a gestão democrática.
b) A gestão empresarial e os trabalhos em grupo.
c) O empreendedorismo e o voluntariado.
d) O voluntariado e as parcerias com a comunidade.
e) A reforma de escolas e a ampliação do atendimento.

Atividades de aprendizagem

Questões para reflexão

1. Assista ao vídeo A *educação inclusiva no Plano Nacional de Educação*, de 2013, e observe os embates sobre a escola regular ou a escola especial ser o "melhor lugar" para os estudantes com deficiência na visão dos entrevistados. Em seguida, elabore uma síntese com os argumentos contrários e os favoráveis à inclusão total.

    A EDUCAÇÃO inclusiva no Plano Nacional de Educação. **Brasilianas.org**. São Paulo: TV Brasil, 4 nov. 2013. Programa de televisão. Disponível em: <https://tvbrasil.ebc.com.br/brasilianas/episodio/a-educacao-inclusiva-no-plano-nacional-de-educacao>. Acesso em: 14 jan. 2022.

    Atente que esse embate, sobre lugar de atendimento e financiamento foi retomado em 2020, quando se instituiu, por meio de decreto, a nova Política Nacional de Educação Especial Equitativa, inclusiva e com aprendizado ao longo da vida.

2. Leia o livro infantil *Tudo bem ser diferente*, de Todd Parr. Depois, pesquise e liste ao menos quatro outros livros de literatura infantil ou infanto-juvenil que abordem aspectos relativos à inclusão.

   PARR, T. **Tudo bem ser diferente**. Tradução de Marcelo Bueno. São Paulo: Panda Books, 2009.

Atividade aplicada: prática

1. Entreviste a direção ou a coordenação pedagógica de uma escola pública ou privada e faça as seguintes perguntas: Quais são as potencialidades e os desafios dessa escola no processo de inclusão de estudantes com deficiência, transtornos globais do desenvolvimento e altas habilidades/superdotação? A quem recorrem diante desses desafios? Quais alternativas têm a seu dispor ou quais alternativas precisam buscar para garantir o melhor acolhimento e aprendizagem aos estudantes?

   Após receber as respostas, elabore um mapa mental que evidencie as potencialidades e os desafios apresentados pela escola pesquisada no que se refere ao processo de inclusão de estudantes com deficiência.

   Para elaborar o mapa mental, você pode recorrer a plataformas de *design* gráfico que permitem fazer esses trabalhos de forma gratuita, como o *Canva*, por exemplo.

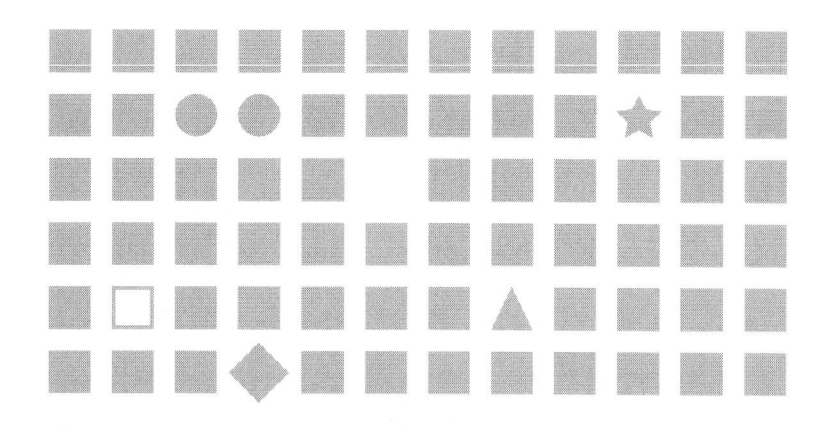

Capítulo 3
O exercício da democracia na escola: o papel dos órgãos colegiados

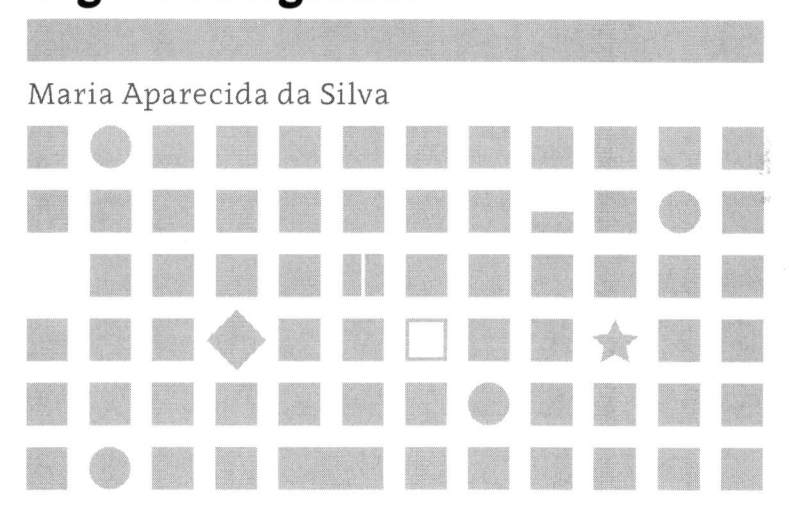

Maria Aparecida da Silva

Uma gestão inclusiva pressupõe a implementação de práticas democráticas no ambiente educacional. Ao contrário do que parece, algumas dessas práticas democráticas não exigem grandes elaborações, passam por ações como o diálogo, a mediação de conflitos, a instituição de regras claras e exigidas de todos, sem distinção; pelo exemplo, por meio do respeito entre os adultos que convivem e trabalham no espaço educacional; pelo ouvir crianças e estudantes que integram esse espaço porque precisam ter voz no ambiente institucional e porque também têm muito a dizer sobre o funcionamento desse ambiente. Portanto, de forma organizada e igualitária, a palavra precisa circular no ambiente educacional a fim de que este possa ser avaliado e reorganizado em função do cumprimento da tarefa primordial da escola: o acesso ao conhecimento.

Além da palavra, é preciso boas ações na mediação dos conflitos cotidianos; na construção de um projeto participativo, voltado à coletividade; nas relações interpessoais respeitosas entre os adultos e destes em relação às crianças; e na responsabilidade coletiva nos diversos níveis institucionais e individual, por parte de cada profissional, com o ensino de qualidade.

Estudos recentes sobre neurociência referendam o que as ciências sociais já defendiam: é por meio da observação e da imitação que as crianças assimilam os valores dos grupos nos quais convivem.

A neurociência tem explicado isso com base nos denominados *neurônios-espelho*, um grupo de neurônios responsáveis pelo aprendizado humano das habilidades sociais. Portanto, a escola, assim como a família e outros grupos sociais, são fundamentais para que as crianças adquiram um repertório de habilidades sociais que lhes possibilite interagir adequadamente em diferentes grupos sociais, emitindo comportamentos de pedir ajuda, iniciar e finalizar conversas, defender-se, fazer perguntas e pedidos, expressar agrado e desagrado, lidar com críticas e elogios, pedir mudança no comportamento do outro (Caballo, 2003, citado por Ferreira; Cecconello; Machado, 2017).

Nesse contexto, ao conviver com as singularidades que formam as pessoas de uma comunidade na sua diversidade de credo, opinião, raça, etnia, gênero e outras, certamente, a criança terá um repertório de habilidades sociais que lhe permite a boa convivência e o lidar com possíveis conflitos de maneira respeitosa.

Participar, incluir, tomar decisões, ouvir, dialogar, ter empatia (se colocar no lugar do outro), resolver conflitos, fazer escolhas, defender ideias e argumentar respeitando as divergências, entre outras habilidades, aprendemos (também) na escola. Estratégias já conhecidas no plano teórico e em algumas práticas exitosas podem tomar forma no ambiente educacional, como os grêmios estudantis e os conselhos de escola. Portanto, não precisamos de ideias mirabolantes ou extremamente inovadoras. Precisamos, sim, colocar em prática o que já foi pensado, registrado, estudado e experimentado com êxito por algumas instituições, evidenciando resultados qualitativos para a educação e a formação humana integral.

A construção de lideranças no ambiente educacional precisa também ser pensada. Liderança é uma construção. Se partirmos do pressuposto de que a liderança é inata, os grêmios estudantis serão formados apenas por um perfil de estudantes – em geral, aqueles que se destacam academicamente ou por serem mais falantes ou impositivos no cotidiano das salas de aula.

Em outra concepção de liderança, como uma competência que pode ser aprendida tanto por experiências no contexto social quanto de forma estruturada, será oportunizado um processo mais democrático. É preciso incluir outros estudantes, com perfis variados, para que estes tenham também a oportunidade de exercer a participação e, no exercício democrático, todos aprendam a falar e a ouvir, a aceitar ou a discordar e a buscar consensos possíveis. Alternância no poder é um dos princípios da democracia, e isso precisa ser aprendido por meio da experiência.

Os processos democráticos em educação são fundamentais para a formação da cidadania e para que a escola cumpra efetivamente seu papel de possibilitar a aprendizagem para todos os estudantes. Nesse sentido, a educação inclusiva está, necessariamente, imbricada com a democracia. Uma educação democrática parte do pressuposto de que cada ser humano traz em si um enorme potencial para aprender o que, por vezes, deverá ser feito por caminhos e metodologias diferenciados.

No intuito de uma síntese explicativa sobre a democracia, recorremos a Bobbio (2004, p. 135) que, entre outros aspectos relevantes, ao retomar a história do capitalismo, a partir da Revolução Francesa (1789), afirma que

> o Estado Liberal e (posteriormente) democrático, que se instaurou progressivamente ao longo de todo o arco do século passado, foi caracterizado por um processo de acolhimento e regulamentação das várias exigências provenientes da burguesia em ascensão, no sentido de conter e delimitar o poder

tradicional. Dado que tais exigências tinham sido feitas em nome ou sob a espécie do direito à resistência ou à revolução, o processo que deu lugar ao Estado liberal e democrático pode ser corretamente chamado de processo de constitucionalização do direito de resistência e revolução.

Ao abordar esse mesmo período da história europeia, importante por influenciar movimentos de contestação a outros Estados absolutistas, Urban (2008, p. 23) destaca as principais transformações tecnológicas do século XVIII, como a invenção do tear mecânico e a máquina a vapor, que

> fazem crescer as cidades e duas novas classes: a burguesia, dona das fábricas, e os operários, que operam as máquinas. A vida social e econômica da Europa sofre grandes alterações. O velho modelo feudal já não serve mais e surge uma nova e poderosa corrente de pensamento, o iluminismo, fundamentada na valorização da razão, da dúvida, do questionamento, da experiência, da observação das leis naturais em contraposição ao absolutismo e aos privilégios da nobreza e do clero. O iluminismo aposta no conhecimento para fugir da tutela da igreja e do Estado Feudal.

Ao estudar a Revolução Francesa (1789), vislumbramos a transição do modo de produção feudal para o modo de produção capitalista. Nesse período, a educação (instrução) foi importante para, além de capacitar trabalhadores para um novo modo de produção, também disseminar um novo pensamento sobre a condução de uma sociedade baseada em princípios democrático-liberais, como liberdade, igualdade e propriedade. Destacamos que a liberdade e a igualdade servem à defesa da propriedade, que, diferente do modelo feudal, não estaria mais pautada na herança nobre, mas no mérito individual (Silva, 2006).

Os filósofos iluministas elaboraram, à época, os discursos e planos pedagógicos que orientavam a educação. Desse modo:

> A liberdade, exigida para as relações econômicas e interpessoais, expressa-se pedagogicamente em dois sentidos: liberdade para ser educado e liberdade para educar. Ou seja, o conteúdo acadêmico deveria ser livre, desamarrado do formalismo feudal-eclesiástico e nele imprimidos a moral burguesa e a Razão. A liberdade política, declarada em legislação, tornar-se-ia real mediante a liberdade na instrução e a difusão da instrução. (Lopes, 1981, p. 114, citado por Silva, 2006, p. 12)

Portanto, o poder ideológico exercido anteriormente pela Igreja passou a ser exercido pelo Estado liberal. Além disso, a partir das transformações históricas nas formas de exercício do poder, o poder denominado *tradicional, centralizador*, passou para o poder regulado por normas jurídicas que delimitam sua ação por meio de regras, portanto, as decisões não cabem exclusivamente a um soberano (Bobbio, 2004).

Podemos, então, afirmar que a democracia barra o abuso de poder, característico do Estado absolutista. O que não significa que o modelo democrático seja isento de limitações ou não seja afetado por incoerências, contradições e problemas de legitimidade da própria democracia liberal.

Então, na perspectiva do liberalismo, as instituições assumem funções importantes no capitalismo no que se refere a disseminar as ideias apropriadas a esse modo de produção e ainda no sentido de uma integração nacional. Assim, a educação, na transição para o Estado burguês, assumiu, por meio da instrução, o papel de ofertar os conteúdos necessários ao modo de produção vigente e ainda tornar a sociedade mais coesa, articulando interesses entre as classes sociais. Entretanto, no contexto da prática, a igualdade prometida permaneceu no plano formal.

A história da democracia no Brasil também recebeu influências dos fatos ocorridos na Europa, bem como da nova ordem inaugurada, baseada em aspectos como Estado laico, liberdade de credo, legislação fundamentada na igualdade de todos, cidadania, educação pública, condenação à tortura e à escravidão, entre outros aspectos (Urban, 2008). Mas, para que essa nova ordem fosse incorporada ao contexto brasileiro, foi necessário um longo processo, marcado por revoltas contra o autoritarismo e muitos conflitos políticos.

Entretanto, esse período da história do Brasil não será detalhado neste texto, pois o objetivo, aqui, é demonstrar que a democracia no Brasil percorreu um longo e doloroso caminho, marcado pelo regime ditatorial militar, que vigorou por 25 anos (1964-1989), infringindo fortemente os direitos humanos. Portanto, esse breve olhar para a história referenda a importância da democracia, ainda que ela também apresente limites a serem continuamente superados, pois, conforme Paiva, Souza e Lopes (2004, p. 369):

> A transição política brasileira foi longa, iniciando-se nos anos setenta e só tendo seu desfecho com as eleições presidenciais de 1989. A mobilização política ocorrida durante esse processo e as mudanças institucionais advindas acenavam com a promessa não só da construção de um regime democrático, mas

também de uma sociedade menos desigual. Este era o desafio a ser vencido não só pelo Brasil, mas por todas as chamadas "novas democracias".

Como explicam Paiva, Souza e Lopes (2004), o Brasil é marcado por uma instabilidade, caracterizada por períodos de democracia e de autoritarismo. Essa é uma das características que causa diferentes percepções da população sobre a importância da democracia e interfere em sua consolidação em diferentes setores da sociedade. Afinal, um dos desafios para a efetivação de processos democráticos é a exigência da participação de toda a sociedade; o foco da gestão não pode estar num indivíduo em especial. Nesse sentido, ainda que haja representação (democracia representativa), outros sujeitos da sociedade precisam acompanhar as ações daqueles que lhes representam em cargos políticos ou na gestão pública das instituições e, ainda, nos órgãos colegiados, nos quais a população organizada, por meio da representatividade, pode contribuir com a formulação das políticas em diferentes áreas.

Importante destacarmos que o presente texto não pretende encerrar as conceituações teóricas sobre democracia. O objetivo principal é, além de instigar os leitores a buscar essa compreensão fundamental da democracia, destacar a relevância dos processos democráticos nas instituições educacionais. Democracia se aprende exercitando, participando! Além disso, não fazemos educação inclusiva sem democracia – elas são indissociáveis.

Chaui (2018, p. 134) nos auxilia ao sintetizar o conceito de democracia, afirmando que ele é

> constituído pela articulação das seguintes ideias: a de comunidade política baseada na liberdade e na igualdade dos direitos, a de poder popular baseado no consenso da maioria e na salvaguarda das minorias, a de conflitos internos resolvidos por intermédio de dispositivos institucionais que garantam a luta política pelo poder [...].

Podemos acrescentar, como faz Chaui (2018), a alternância no poder, compreendida como essencial à democracia, pois periodicamente a sociedade pode decidir pela continuidade ou descontinuidade de um projeto político.

No âmbito educacional, a gestão democrática é indicada pelo contexto de democratização do país, como podemos constatar no art. 206 da Constituição Federal (CF) de 1988, mais especificamente no inciso VI, que apresenta como um dos princípios do ensino a "gestão democrática do ensino público, na forma da lei" (Brasil, 1988).

A Lei de Diretrizes e Bases da Educação (LDB) – Lei n. 9.394, de 20 de dezembro de 1996 –, em consonância com a CF/1988, estabelece, no art. 3º, que:

> Art. 3º O ensino será ministrado com base nos seguintes princípios:
>
> I – igualdade de condições para o acesso e permanência na escola;
> II – liberdade de aprender, ensinar, pesquisar e divulgar a cultura, o pensamento, a arte e o saber;
> III – pluralismo de idéias e de concepções pedagógicas;

IV – respeito à liberdade e apreço à tolerância;

V – coexistência de instituições públicas e privadas de ensino;

VI – gratuidade do ensino público em estabelecimentos oficiais;

VII – valorização do profissional da educação escolar;

VIII – gestão democrática do ensino público, na forma desta Lei e da legislação dos sistemas de ensino;

IX – garantia de padrão de qualidade;

X – valorização da experiência extraescolar;

XI – vinculação entre a educação escolar, o trabalho e as práticas sociais.

XII – consideração com a diversidade étnico-racial.

XIII – garantia do direito à educação e à aprendizagem ao longo da vida. (Brasil, 1996)

A mesma lei, nos arts. 13, 14 e 15, indica ações que visam à gestão democrática do ensino:

Art. 13. Os docentes incumbir-se-ão de:

I – participar da elaboração da proposta pedagógica do estabelecimento de ensino;

II – elaborar e cumprir plano de trabalho, segundo a proposta pedagógica do estabelecimento de ensino;

III – zelar pela aprendizagem dos alunos;

IV – estabelecer estratégias de recuperação para os alunos de menor rendimento;

V – ministrar os dias letivos e horas-aula estabelecidos, além de participar integralmente dos períodos dedicados ao planejamento, à avaliação e ao desenvolvimento profissional;

VI – colaborar com as atividades de articulação da escola com as famílias e a comunidade.

Art. 14. Os sistemas de ensino definirão as normas da gestão democrática do ensino público na educação básica, de acordo com as suas peculiaridades e conforme os seguintes princípios:

I – participação dos profissionais da educação na elaboração do projeto pedagógico da escola;

II – participação das comunidades escolar e local em conselhos escolares ou equivalentes.

Art. 15. Os sistemas de ensino assegurarão às unidades escolares públicas de educação básica que os integram progressivos graus de autonomia pedagógica e administrativa e de gestão financeira, observadas as normas gerais de direito financeiro público. (Brasil, 1996)

Destacamos ainda que o Plano Nacional de Educação (PNE), Lei n. 13.005, de 25 de junho de 2014, no art. 9º, determina que:

Art. 9º Os Estados, o Distrito Federal e os Municípios deverão aprovar leis específicas para os seus sistemas de ensino, disciplinando a gestão democrática da educação pública nos respectivos âmbitos de atuação, no prazo de 2 (dois) anos contados da publicação desta Lei, adequando, quando for o caso, a legislação local já adotada com essa finalidade. (Brasil, 2014a)

Vemos que a gestão democrática da escola está amparada em bases legais e estudos que apresentam a relevância de suas práticas. Entretanto, a letra da lei precisa estar viva nos espaços educativos, o que exige a adesão e a participação de diferentes segmentos da escola, como professores, funcionários, estudantes e familiares, unidos por objetivos e princípios comuns, em consonância com a função da escola. Portanto, os objetivos serão de ordem coletiva.

Mas, além do já estabelecido no marco legal, como se prioriza o coletivo ante a diversidade de interesses que compõem os grupos que convivem numa determinada unidade educacional?

Nos estudos anteriores, abordamos que, ao aplicar princípios orientadores das ações, estas tendem a ser efetivadas com mais assertividade em termos de objetivos a serem alcançados por uma coletividade. Na gestão educacional, ao serem adotados princípios orientadores, são necessariamente ampliadas ações como o diálogo e a participação da comunidade por meio dos órgãos colegiados, a circulação e a publicação de informações de interesse coletivo. Podemos estabelecer ainda uma unidade no que se refere à qualidade dos processos e fins que se pretende para a educação em determinada localidade. Importante destacar que essa unidade não anula a diversidade dos grupos que integram uma rede de ensino ou país, mas oferece uma orientação comum para a organização do trabalho pedagógico, focado na função social da escola, numa perspectiva inclusiva.

A ideia de **unidade**, tal como destacada aqui, pode ser ilustrada pelo seguinte trecho do Manifesto dos Pioneiros da Educação Nova (1932):

> A organização da educação brasileira unitária sobre a base e os princípios do Estado, no espírito da verdadeira comunidade

popular e no cuidado da unidade nacional, não implica um centralismo estéril e odioso, ao qual se opõem, as condições geográficas do país e a necessidade de adaptação crescente da escola aos interesses e às exigências regionais. **Unidade não significa uniformidade. A unidade pressupõe multiplicidade.** (Azevedo et al., 2010, p. 47, grifo nosso)

Apresentamos como exemplo, no âmbito municipal, os Princípios Norteadores para a Gestão Democrática nas Instituições de Educação e Ensino, elaboradas pelo Conselho Municipal de Educação de Curitiba, por meio da Indicação CME/CGS n. 01/2014, que vão ao encontro da construção da unidade institucional, na concepção anteriormente abordada, portanto, considerando a diversidade. Trata-se de uma importante contribuição para que as instituições educacionais reflitam, articulem estratégias e contemplem essa indicação no seu projeto político pedagógico (PPP) para a efetivação desses princípios, que, no ambiente educacional, podem fundamentar e guiar as ações cotidianas, extrapolando gestões escolares. Os princípios são assim apresentados:

> A **participação**: Participar é a possibilidade de compartilhar a gestão da educação, tomando decisões na direção da garantia do direito à educação de qualidade. Nesse sentido, implica a consolidação de espaços coletivos de diálogo permanente. É fundamental oportunizar que todos tenham voz, que manifestem suas opiniões e que o façam de maneira organizada, por meio de regras construídas coletivamente, que garantam a igualdade em termos de expressão e representatividade. Trata-se, portanto, da avaliação e do acompanhamento, pela comunidade, das ações implementadas pelos gestores.

A **autonomia**. É exercício de democratização, efetivado mediante a possibilidade coletiva e individual de discutir, planejar e decidir sobre os rumos das instituições e das políticas. A autonomia é sempre relativa, não existe *a priori* ou por decreto, é uma construção, porém condicionada pelo contexto social e pela legislação vigente. Autonomia implica ainda em responsabilidade coletiva e individual e permite contemplar a identidade institucional.

A **transparência**. É condição essencial no processo de gestão democrática e se dá por meio da circulação e publicização de informações. A transparência estimula a participação social, a informação divulgada aproxima a sociedade da gestão exercida por seus representantes. Uma sociedade participativa consciente da atuação dos seus representantes desempenha, de forma mais satisfatória, o exercício da democracia quando tem a possibilidade de acompanhar as políticas públicas. Uma gestão transparente permite a participação dos cidadãos na gestão e no controle dessas políticas, o que exige, além de fidedignidade, clareza na transmissão das informações, a fim de que se viabilize a compreensão dos conteúdos divulgados.

O **caráter público**. A educação pública e gratuita é financiada por todos os cidadãos e é do interesse de todos. Nesse sentido, na gestão das instituições educativas, o interesse público deve prevalecer em detrimento dos interesses particulares. Ao garantir a participação e tomada de decisão coletiva nos processos de gestão democrática na instituição de educação e ensino, o controle social sobre o que é público ganha relevância, sendo realizado por meio de mecanismos como os órgãos colegiados. (Curitiba, 2014, grifo do original)

No texto da Indicação (Curitiba, 2014), é enfatizado que, embora elementares, esses princípios não encerram a democracia, que precisa de acompanhamento e de renovação constantes. Nessa direção, Chaui (2018, p. 135), com base na ideia de que as classes dominantes não têm interesse em perder seu poder de dominação, portanto criam mecanismos para barrar conquistas populares, acrescenta que "só é possível a existência da prática democrática como efeito de pressões e demandas populares".

Os órgãos colegiados devem acolher e discutir as demandas educacionais reivindicadas pela população e efetivar as práticas democráticas, visando ampliar a qualidade na educação.

Ao afirmarmos, anteriormente, que democracia se aprende, nos fundamentamos na ideia de que a educação forma o ser humano de maneira integral, o que inclui a aprendizagem dos processos participativos para a tomada de decisões que interferem na vida coletiva, numa perspectiva democrática, portanto, inclusiva.

A democracia escolar exige não somente dirigentes inclinados a viabilizar a participação, mas também uma comunidade disposta a se envolver na tomada de decisões visando ao bem coletivo. Esse pode ser um dos grandes desafios à implementação de processos realmente democráticos, somando-se a isso a distinção, a clareza entre interesse público e o interesse privado.

Para que essa participação aconteça de forma organizada e com a devida intencionalidade, temos os órgãos colegiados, nos quais é desejável que sejam feitas análises e propostas para ações mais efetivas em prol da ampliação da qualidade da educação – o que pode ser feito por meio de uma metodologia que possibilita transformar uma dada realidade, tal como a apresentada por Vasconcellos (2005, p. 74) em relação ao "planejamento enquanto método de trabalho". Assim, por analogia, sugerimos que as discussões nos colegiados levem em consideração:

> **Partir da prática**: ter a prática em que estamos inseridos como referência e desafio para a transformação. Ter clareza de que há uma história, há um movimento do real; não é a reflexão que inaugura o mundo, já que, [...] qualquer processo de mudança tem como referência experiências anteriores;
>
> **Refletir sobre a prática**: Através da reflexão crítica e coletiva, buscar subsídios, procurar conhecer como funciona a prática, quais são as suas contradições, suas leis de movimento, captar sua essência; projetar um novo sentido, abrir novas possibilidades, procurar saber como atuar no sentido de sua transformação;
>
> **Transformar a prática:** Atuar, coletiva e organizadamente, sobre a prática, procurando transformá-la na direção desejada. (Vasconcellos, 2005, p. 73-74, grifo do original)

3.1 Os órgãos colegiados e o aprendizado da democracia

Os anos 1980 foram marcados pela transição democrática e por movimentos políticos afinados com esse importante momento da história, em oposição à afronta aos direitos humanos cometidas durante a ditadura militar no Brasil. É nesse contexto que a educação também incorpora a concepção democrática na condução da gestão administrativa e pedagógica. Uma nova organização política repercutiu em outras relações de poder que vêm, desde então, sendo construídas em diferentes áreas, entre elas a educação. Os órgãos colegiados, de caráter participativo e representativo, na área educacional iniciam nesse período.

As formas de participação podem ser organizadas com base em diferentes concepções de gestão. Portanto, essas formas de organização podem priorizar o cumprimento meramente formal da participação ou, de fato, viabilizar o diálogo, o confronto de ideias, a colaboração, a empatia e os consensos possíveis, a fim de transformar determinada situação no contexto educacional (Souza, 2022).

Lembramos que os órgãos colegiados são espaços de conflitos; muitas vezes, de disputa de projetos de educação que podem ser divergentes, entre o proposto ou o efetivado pelo âmbito oficial e o desejado ou o considerado necessário pela comunidade representada nos colegiados, conforme a finalidade a que se dedicam. Mas, conforme alerta Souza (2022), são também espaços de conflitos entre demandas de caráter público e privado, que se confundem em alguns momentos. Portanto, há a necessidade de informar e esclarecer quanto aos princípios que devem guiar as discussões e as ações dos colegiados, tendo em vista sua finalidade principal.

Um aspecto que precisa ser considerado é o papel dos gestores escolares na condução dos processos participativos no interior das unidades educacionais, amparados pela legislação e pelo compromisso com a função social da escola e os princípios constitucionais de universalidade, gratuidade e laicidade, diretamente em consonância com a escola democrática e inclusiva, na qual se valoriza a diversidade humana.

Em conformidade com suas finalidades, os órgãos colegiados podem favorecer e mobilizar o coletivo das unidades educacionais para os processos inclusivos; ajudar em processos formativos direcionados ao coletivo escolar sobre a diversidade humana, estabelecidos na legislação e em estudos sobre a temática; organizar e mobilizar para exigir do Poder Público ou do respectivo órgão mantenedor os recursos ou as condições que ainda são precários em muitas instituições para acessibilidade física e/ou pedagógica, por exemplo.

Há situações nas quais, ao discutir a destinação de recursos, os membros do órgão colegiado precisam levar em consideração a função principal da instituição educacional, o seu público-alvo (estudantes) e os princípios (democráticos) que orientam suas decisões. Os órgãos colegiados são espaços privilegiados de protagonismo e aprendizado de relações humanas ante a diversidade de que são compostos, em termos de subjetividades, gênero, condição social, questões étnico-raciais, pessoas com deficiência, transtornos globais do desenvolvimento e altas habilidades/superdotação, demandas individuais e coletivas e relações de poder.

O exercício da participação nos órgãos colegiados possibilita ainda o aprendizado sobre a importância de falar e de ouvir o outro, de contrapor argumentos e também perceber e aceitar quando o outro tem argumentos mais bem fundamentados do que o nosso. Afinal, ideias e ações podem ser revistas e aperfeiçoadas, independentemente da posição hierárquica ocupada na instituição.

Nos órgãos colegiados, embora o foco seja o coletivo, pode haver situações em que uma demanda individual precisará ser atendida. Por exemplo: uma escola recebe um estudante que usa cadeira de rodas, porém o prédio não está adaptado às suas necessidades porque é um prédio antigo que ainda não contempla a acessibilidade. A situação é levada para o conselho de escola, que precisará definir as ações para o atendimento mais adequado a esse estudante. Nesse caso, embora seja ainda o único estudante com deficiência física nessa escola, ele precisa ter o seu direito à educação garantido, inclusive, com suporte administrativo e financeiro de outras instâncias da gestão superior. Portanto, o direito à educação e o princípio da inclusão precisam permear as discussões que levarão à decisão sobre os recursos ou as reformas a serem efetivadas para o atendimento ao estudante, o que está previsto, inclusive, na legislação acerca da acessibilidade. Além disso, ao atender um estudante com essa deficiência, a escola estará mais bem equipada para futuros estudantes na mesma condição.

A seguir, serão listados alguns mecanismos de participação, no âmbito da unidade escolar, que podem propiciar a partilha de poder e a implementação de processos coletivos de decisão no aspecto político-pedagógico, contando com a contribuição dos diferentes segmentos que integram esses colegiados: conselho de escola, grêmio estudantil, associação de pais e conselho de classe.

O **conselho de escola** é composto por representantes de diferentes segmentos da escola, eleitos entre seus pares: professores, funcionários, estudantes e seus familiares. Trata-se de importante instrumento de democratização das relações no cotidiano da escola, previsto na Lei n. 9.394/1996 e no PNE (Lei n. 13.005/2014), conforme trechos a seguir.

O art. 14 da LDB n. 9.394/1996 define que:

> Art. 14. Os sistemas de ensino definirão as normas da gestão democrática do ensino público na educação básica, de acordo com as suas peculiaridades e conforme os seguintes princípios:
>
> [...]
>
> II – participação das comunidades escolar e local em conselhos escolares ou equivalentes. (Brasil, 1996)

Na Lei n. 13.005/2014, consta a Estratégia referente à Meta 19 do PNE, que trata das condições para a efetivação da gestão democrática da educação:

> 19.5) estimular a constituição e o fortalecimento de conselhos escolares e conselhos municipais de educação, como instrumentos de participação e fiscalização na gestão escolar e educacional, inclusive por meio de programas de formação de conselheiros, assegurando-se condições de funcionamento autônomo; [...]. (Brasil, 2014a)

O conselho de escola tem caráter deliberativo, consultivo, fiscal e mobilizador, sendo regulamentado no Regimento Escolar, razão por que incorpora a estrutura de gestão da escola (Brasil, 2004b). Seus membros, numa perspectiva democrática, fiscalizam e acompanham as ações do Poder Público implementadas no âmbito das unidades escolares.

A Meta 19 do PNE (2014) apresenta a Estratégia 19.4, que indica o fortalecimento dos **grêmios estudantis**, com a seguinte redação:

> 19.4) estimular, em todas as redes de educação básica, a constituição e o fortalecimento de grêmios estudantis e associações de pais, assegurando-lhes, inclusive, espaços adequados e condições de funcionamento nas escolas e fomentando a sua articulação orgânica com os conselhos escolares, por meio das respectivas representações; [...]. (Brasil, 2014a)

Assim, o grêmio estudantil propicia o protagonismo dos estudantes e o aprendizado sobre processos democráticos, sobre a responsabilidade de representar outros sujeitos e suas demandas num órgão colegiado. Sua importância reside, ainda, no fato de que pode valorizar a voz dos estudantes e sua corresponsabilidade na organização de uma escola de qualidade para todos.

A **associação de pais**, como vimos, é também destacada na Meta 19, Estratégia 19.4 do PNE (2014), como órgão colegiado a ser criado ou fortalecido no âmbito das unidades escolares. As associações de pais[1] têm o caráter de auxiliar a gestão escolar na correta aplicação das verbas recebidas do Poder Público para a manutenção das escolas especialmente destinadas ao processo de ensino e aprendizagem. Portanto, a associação de pais pode definir as prioridades de aplicação dos recursos, levando em conta o PPP da unidade educacional e as regras para emprego dos recursos, definidas em legislação própria.

---

[1] Também denominadas *Associação de Pais, Professores e Funcionários* (APPF) ou, ainda, *Associação de Pais, Mestres e Funcionários* (APMF).

A associação de pais deve efetivar a transparência na divulgação da aplicação dos recursos para a comunidade escolar. Outra tarefa importante desse colegiado é representar os interesses dos familiares dos estudantes na elaboração do PPP.

Lima (2014, p. 6, grifo nosso), citando Proença (2009), destaca que, para além de contribuir com a gestão financeira,

> É preciso que a APMF, dentro de uma perspectiva de gestão participativa e democrática, possa gerir seus próprios projetos e desenvolver ações nas escolas influindo diretamente no **fortalecimento do trabalho pedagógico**, a fim de assegurar que a escola cumpra sua função social, ou seja, a transmissão/ apropriação de conhecimento.

Como instância democrática, o **conselho de classe** objetiva analisar coletivamente o processo de ensino e aprendizagem, traçando estratégias coletivas para aperfeiçoar esse processo, incluindo a avaliação numa perspectiva diagnóstica e formativa. A respeito das concepções de avaliação que permeiam os conselhos de classe, nem sempre de caráter inclusivo, Dalben (2022, p. 4) analisa que:

> O Conselho de Classe, como uma instância coletiva de avaliação do processo de ensino e aprendizagem, reflete as diferentes concepções de avaliação e de ensino incorporadas pelos docentes em suas práticas, assim como as limitações e contradições próprias a elas e presentes no posicionamento político pedagógico desses profissionais.

Nesse sentido, o conselho de classe pode também se configurar como um espaço formativo à medida que o coordenador da reunião apresente, esclareça ou reitere ao colegiado os princípios que norteiam o currículo escolar, o PPP da escola, bem como a principal função da escola na apropriação do conhecimento pelos estudantes.

Com base nas reflexões feitas pelo colegiado durante o conselho de classe, considerando o direito à aprendizagem de todos os estudantes numa perspectiva inclusiva, o planejamento institucional, o planejamento de ensino e o plano de aula poderão ser reestruturados, sendo propostas, por exemplo, flexibilizações curriculares a fim de atender à diversidade de modos de aprender dos estudantes. Portanto, o foco das discussões e análises feitas no conselho de classe será o processo de ensino e aprendizagem.

Compartilhamos com Martins e Silva (2010, p. 422) a preocupação quanto aos processos burocráticos que, muitas vezes, incidem em empecilhos para que se possa reorganizar o trabalho pedagógico na direção de uma escola mais coesa e inclusiva,

> pois a implementação do conjunto legal e normativo que regulamenta a gestão e a organização escolar pode se transformar num ritual de cumprimento de normas burocráticas, resultando numa tensão que dificulta à escola reconstruir sua dinâmica de funcionamento configurada por uma cultura singular. Os educadores têm sido, permanentemente, instados a se adaptarem rapidamente às mudanças impostas pela reorganização do mundo do trabalho, da cultura e da política, numa velocidade que, invariavelmente, lhes possibilita pouco espaço de tempo para refletir sobre as mudanças propostas e (re)construir seu percurso profissional.

Nesse sentido, assim como o tempo para planejamento, é fundamental dispor, por exemplo, de tempo específico para a realização do conselho de classe, com previsão e aprovação em calendário escolar. Do contrário, a escola depende de uma reorganização interna, por meio da qual nem sempre é possível reunir todo o colegiado. Outros colegiados, como o conselho de escola, o grêmio estudantil e a associação de pais, também precisam de tempo e espaço adequados, com previsão no plano de trabalho da escola. São condições mínimas para que se viabilizem encontros qualificados, nos quais se garanta a participação de todos. Processos democráticos exigem planejamento, organização, além de compromisso individual e coletivo.

Síntese

Neste capítulo, retomamos brevemente a transição do feudalismo para o capitalismo, a fim de situar a democracia no contexto do liberalismo clássico – teoria que fundamenta o capitalismo. Com base nessa discussão, foram destacados os princípios liberais de liberdade, igualdade e propriedade em oposição ao princípio da hereditariedade do período feudal, que naturalizava todas as relações. No contexto do capitalismo, a educação assumiu o papel de disseminação dos valores e conteúdos necessários à consolidação de uma nova ordem.

Discutimos, no caso brasileiro, sobre a árdua transição do autoritarismo, imposto pela ditadura militar, para a democracia, que precisa ser cotidianamente construída e fortalecida. A gestão democrática na educação inicia no contexto da democratização do país, com a CF/1988, já apresentando uma visão de inclusão social, que será incorporada nas legislações subsequentes.

A experiência do Conselho Municipal de Educação de Curitiba, na perspectiva democrática, é apresentada por meio da Indicação dos Princípios Norteadores para a Gestão Democrática nas Instituições de Educação e Ensino, elaboradas pelo Conselho por meio da Indicação CME/CGS n. 01/2014, cujos princípios podem ser contemplados nos PPPs das escolas e, principalmente, na prática administrativa e pedagógica, de forma continuada, ou seja, independentemente das direções ou equipes gestoras que assumam a gestão das escolas.

Na sequência, abordamos alguns mecanismos que viabilizam a democracia. Afinal, não bastam discursos democrático; é fundamental dispor dos órgãos colegiados de caráter participativo, como os conselhos de escola, grêmios estudantis, associação de pais, conselhos de classe e/ou outros que o coletivo das escolas considerem adequados, conforme princípios democráticos.

Atividades de autoavaliação

1. Analise as afirmações a seguir sobre o papel da educação para a consolidação do modo de produção capitalista e julgue-as verdadeiras (V) ou falsas (F).
   ( ) Para a consolidação do modo de produção capitalista, a educação deveria cumprir a finalidade de capacitar trabalhadores para um novo modo de produção e construir um novo modo de pensar a condução da sociedade.
   ( ) Para a consolidação do modo de produção capitalista, cabia à educação disseminar os princípios do Estado liberal: liberdade, igualdade e propriedade.

( ) Para a consolidação do modo de produção capitalista, a educação deveria dar ênfase ao mérito individual como fator de conquista da propriedade e outras formas de avanço social.

( ) Para a consolidação do modo de produção capitalista, a educação foi irrelevante, pois não exerce influência sobre aspectos econômicos.

( ) Para consolidação do modo de produção capitalista, o conhecimento é distribuído de forma igualitária para todos, ou seja, todos têm, efetivamente, acesso à educação de qualidade.

Agora, assinale a alternativa que apresenta a sequência correta:

a) F, F, V, F, V.
b) V, V, V, F, F.
c) F, F, V, V, F.
d) V, V, V, V, F.
e) F, F, F, V, V.

2. Segundo Marilena Chaui (2018, p. 134), o conceito de democracia é

constituído pela articulação das seguintes ideias: a de comunidade política baseada na liberdade e na igualdade dos direitos, a de poder popular baseado no consenso da maioria e na salvaguarda das minorias, a de conflitos internos resolvidos por intermédio de dispositivos institucionais que garantam a luta política pelo poder.

Como uma diretora abandonou o autoritarismo e abraçou a colaboração

Lúcia Cristina Cortez melhorou os índices de sua escola e a interação entre alunos, pais e funcionários

Comecei minha carreira como uma professora e, mais tarde, continuei como uma gestora "tradicional". Quando eu falava, todos obedeciam e tudo era resolvido na imposição. Mas, quando os resultados de avaliações chegaram na escola onde eu trabalhava, ficou claro que este modelo não dava certo: alta rotatividade de funcionários e evasão escolar. Foi quando percebi que a escola era marcada pelo medo e não pelo respeito. E então, decidi mudar. [...]

O maior desafio diante da nova proposta de trabalho foi o significativo aumento de procura da escola para matrícula de alunos especiais e estrangeiros no ensino regular. Tínhamos que desenvolver as múltiplas interações com grupos heterogêneos em todos os níveis de aprendizagem. Respeitando a diversidade étnico-racial, de gênero, sexualidade, necessidades especiais, social e territorial. Como acolher, incluir e garantir o direito de aprendizagem a todos matriculados, inclusive alguns sem falar a nossa língua, sem deixar nenhum aluno para trás? Daí surgiram as dúvidas, inseguranças e principalmente a necessidade de trabalhar a inclusão de fato e de direito em nossa escola de forma coletiva e com a participação efetiva da família e da comunidade externa.

> Frente ao desafio posto, observamos a necessidade de envolvermos a família, funcionários, alunos e comunidade para desenvolvermos uma gestão participativa. Tínhamos que compartilhar as responsabilidades por uma educação inclusiva e de qualidade. [...]
>
> Este novo PPP teve como objetivo geral construir coletivamente espaço de diálogo, compreensão e aprofundamento dos princípios da educação integral, gestão democrática e participativa que respeita a individualidade e a diversidade com base em estudos, discussões e relatos, buscando a convivência com autonomia e do protagonismo de todos os participantes do processo. [...]

Fonte: Cortez, 2018.

Após a leitura do texto e com base nos estudos deste capítulo, julgue as afirmações a seguir como verdadeiras (V) ou falsas (F):

( ) Para implementar uma gestão democrática, não são necessários estudos sobre o tema, basta acreditar e discursar sobre o assunto.

( ) A heterogeneidade é característica básica de uma escola democrática que, ao incorporar a diversidade, passa a ser mais inclusiva.

( ) Efetivar uma gestão democrática, conforme exposto no texto, é visivelmente mais fácil do que uma gestão autoritária.

( ) Uma gestão democrática e participativa exige o compromisso e a responsabilidade de todos os envolvidos, não apenas da direção escolar.

( ) A comunidade escolar (familiares, estudantes, professores e funcionários) participam das decisões escolares ainda que não sejam chamados e acolhidos.

( ) Uma vez implementada uma gestão democrática e participativa, não há mais necessidade de aprofundar esse tema na escola.

( ) Como tem amparo legal, a gestão democrática é efetivada em todas as escolas do Brasil.

Agora, assinale a alternativa que apresenta a sequência correta:

a) F, F, F, V, V, F, V.
b) V, F, V, F, V, V, V.
c) F, V, F, V, F, F, F.
d) V, V, V, F, F, F, V.
e) F, F, F, V, V, V, F.

3. Assinale a alternativa que, fundamentada nos estudos deste capítulo, completa corretamente a frase:

A implementação de uma gestão democrática na escola...

a) é inviável, pois gera muitos conflitos, que demandam tempo extra da direção escolar na mediação desses conflitos e em reuniões sem propósito.

b) exige planejamento, organização, estudo, compromisso coletivo e princípios que norteiam as ações de toda a comunidade escolar.

c) atende aos interesses exclusivos dos profissionais que atuam na escola.

d) não é extensiva à gestão da sala de aula, ou seja, não há modificações na sua dinâmica, prevalecendo a voz e as determinações do professor, sem diálogos.

e) é ineficaz, pois não contempla regras e não se chega a consensos.

4. Sobre os órgãos colegiados na escola, assinale a alternativa **incorreta**:

   a) A existência de colegiados como conselho de escola, grêmio estudantil e conselho de classe são suficientes para a garantia de uma gestão democrática, pois independe da concepção de gestão adotada.

   b) O compromisso coletivo é fundamental para as decisões que serão tomadas nos colegiados, conforme as funções a que se destinam.

   c) Um dos princípios que deve fundamentar os colegiados é o interesse público, em detrimento de interesses individuais.

   d) Para que os colegiados se consolidem como espaços realmente democráticos, a sua condução deve ser feita por um coordenador que valorize a pluralidade de ideias, o diálogo, a mediação de conflitos, os consensos, bem como a organização para garantir que todos possam se expressar.

   e) Para o adequado cumprimento de suas finalidades, os órgãos colegiados precisam de regras claras, construídas coletivamente e seguidas por todos os seus integrantes.

5. Sobre os órgãos colegiados, assinale a alternativa **incorreta**:
   a) O conselho de classe, como instância democrática, objetiva analisar coletivamente o processo de ensino e aprendizagem, traçando estratégias coletivas para aperfeiçoar esse processo, incluindo a avaliação numa perspectiva diagnóstica e formativa.
   b) A associação de pais tem o caráter de auxiliar a gestão escolar na correta aplicação das verbas recebidas do Poder Público para a manutenção das escolas, especialmente destinadas ao processo deensino e aprendizagem, visando ao fortalecimento do trabalho pedagógico.
   c) O conselho de escola incorpora a estrutura de gestão da escola; seus membros, numa perspectiva democrática, fiscalizam e acompanham as ações do Poder Público implementadas no âmbito das unidades escolares.
   d) O grêmio estudantil propicia o protagonismo dos estudantes e o aprendizado sobre processos democráticos, sobre a responsabilidade de representar outros sujeitos e suas demandas num órgão colegiado.
   e) Os órgãos colegiados são irrelevantes para a efetivação da educação inclusiva, pois eles se dedicam a fatores que não se relacionam com as práticas inclusivas.

Atividades de aprendizagem

Questões para reflexão

1. Leia o texto indicado a seguir e elabore um resumo enfatizando as principais ideias e o processo de construção da política nacional de educação especial na perspectiva da educação inclusiva de 2008:

CORREIA, G. B.; BAPTISTA, C. R. Política nacional de educação especial na perspectiva da educação inclusiva de 2008: quais origens e quais trajetórias? **Revista on-line de Política e Gestão Educacional**, Araraquara, v. 22, p. 716-731, dez. 2018. Disponível em: <https://periodicos.fclar.unesp.br/rpge/article/view/11905/7791>. Acesso em: 14 jan. 2022.

2. Considere a seguinte situação: a direção da escola X convocou uma reunião do Conselho de Escola. No bilhete de convocação, constavam data e horário. Ao final da reunião, todos os presentes assinaram uma ata, previamente registrada, que foi colocada à disposição numa mesa para assinaturas.

    Com base no princípio da transparência, quais problemas podem ser apontados? Com base numa gestão democrática, como você conduziria essa reunião?

Atividade aplicada: prática

1. Faça uma lista de dez escolas no seu município com os respectivos contatos. Em seguida, pesquise quantas dessas escolas mantêm um grêmio estudantil. Depois, elabore uma breve análise conforme o resultado da pesquisa.

    Para fundamentar sua análise, assista ao vídeo a seguir:

    A IMPORTÂNCIA do grêmio estudantil. **Jornal Futura**. Rio de Janeiro: TV Futura, 2014. Disponível em: <https://www.youtube.com/watch?v=LlGR3DM4tDQ>. Acesso em: 14 jan. 2022.

Capítulo 4
Organização do trabalho pedagógico na escola inclusiva

Mônica Caetano Vieira

Ao abordarmos, neste capítulo, a organização do trabalho escolar, vamos dar enfoque à abordagem que prioriza a participação de toda a comunidade educativa, ou seja, a que envolve o trabalho coletivo em prol da educação de qualidade para todos. Antes de considerarmos essa abordagem, é importante conhecermos as características de algumas concepções, bem como o período em que se tornaram mais evidentes.

Na década de 1930, a organização escolar apresentava atributos que se assemelhavam à organização de uma empresa. Era baseada em uma concepção burocrática e funcionalista e o termo *organização* estava ligado ao termo *administração escolar*. Na década de 1980, começou a ser usada a expressão *organização do trabalho escolar* e foram reveladas novas formas de gestão e organização escolar, norteadas por uma perspectiva democrática, que provocaram críticas à lógica da produção capitalista praticada na escola, visto que essa lógica provoca, entre outros fatores, uma dicotomia entre planejadores e executores das ações pedagógicas na escola.

Libâneo, Oliveira e Toschi (2007, p. 11) afirmam que:

> a organização do processo de trabalho na escola implicaria uma degradação do trabalho profissional do professor, à medida que estaria se reproduzindo nela as formas de organização do trabalho sob o capitalismo. Com efeito, em razão da divisão social e técnica do trabalho há uma cisão entre o trabalhador e os meios ou instrumentos de trabalho, em que esses meios são providos pelos gestores do processo de produção. Há uma classe que pensa, desenvolve os meios de trabalho, controla o trabalho; e outra classe que faz serviço prático, cumpre determinações do gestor, fundando a

desigualdade social. Dessa forma, as relações sociais capitalistas de produção se reproduzem em todas as instâncias da sociedade, inclusive nas escolas, onde haveria dois segmentos de trabalhadores opostos entre si, os especialistas (diretor, coordenador pedagógico etc.) e os professores, instaurando a desigualdade e promovendo a desqualificação do trabalho dos professores.

Constatamos que, na década de 1980, houve a intenção de se praticar novas formas de gerir e organizar a escola a fim de rever as práticas pedagógicas que reforçavam a divisão de trabalhos, evidenciando a separação entre quem pensa e quem faz, típico da produção capitalista, promovendo, dessa forma, um distanciamento entre gestores e professores.

4.1 Organização do trabalho pedagógico e gestão escolar: algumas concepções

As concepções de gestão escolar foram sistematizadas com a contribuição de diversos autores que se dedicaram, entre outros aspectos, a refletir sobre as formas pelas quais a escola, historicamente, reproduziu e/ou mediou processos de transformação das relações sociais do contexto social no qual se insere.

A gestão da escola esteve, por muito tempo, sob a ótica da gestão empresarial, criticada ao ser incorporada pela educação, cujas finalidades e produto diferem da lógica capitalista para o mercado. O compromisso da educação é mais amplo no que se refere à formação humana. Sendo assim, devemos considerar processos de gestão que coadunem com a especificidade da função da educação.

Para este estudo, apoiamo-nos nas contribuições de Libâneo, Oliveira e Toschi (2007). Portanto, vamos agora conhecer algumas concepções que embasam os processos de organização e gestão escolar na visão desses autores:

- **Concepção técnico-científica**: Baseada em uma visão tecnicista e burocrática, que valoriza o exercício do poder e da autoridade individualizada, evidencia relações de subordinação. Observamos, nessa concepção, a divisão do trabalho, a rigidez das funções, a falta de valorização e de incentivo à participação das pessoas em decisões que envolvem o trabalho realizado, além de princípios e métodos de administração empresarial, como a aplicação de regras e normas e questões burocráticas que envolvem controle das tarefas executadas, segundo Libâneo, Oliveira e Toschi (2007, p. 327), com "poder centralizado no diretor, destacando-se as relações de subordinação, em que uns têm mais autoridade do que outros".

- **Concepção autogestionária**: Baseada na responsabilidade coletiva, sugere participação de toda a comunidade escolar em decisões, por meio de assembleias e reuniões, ressaltando, dessa forma, que não existe o exercício de poder e autoridade individualizado. Nessa concepção, as funções se alteram. A gestão autogestionária evidencia a "auto-organização do grupo de pessoas da instituição, por meio de eleições e de alternância no exercício de funções. Recusa a normas e a sistemas de controle, acentuando a responsabilidade coletiva [...], com ênfase nas inter-relações, mais do que nas tarefas" (Libâneo; Oliveira; Toschi, 2007, p. 237).

- **Concepção democrático-participativa:** Nessa proposta, o diretor da escola estimula a participação da comunidade escolar em busca da concretização de objetivos comuns. Esse tipo de abordagem revela uma forma de gestão e de organização escolar que promove decisões coletivas, envolvendo cada um de acordo com suas responsabilidades, para que se efetive o que foi acordado pelo coletivo. Percebemos, nessa concepção, uma relação orgânica entre a direção da escola e os sujeitos escolares (pais, professores, estudantes, profissionais da escola), em que "todos dirigem e são dirigidos; todos avaliam e são avaliados" (Libâneo; Oliveira; Toschi, 2007, p. 237). Quando posta em prática, essa concepção revela o exercício da cidadania, pelo envolvimento de todos em prol de se alcançar uma educação de qualidade.

Ressaltamos que a organização do trabalho de uma escola pode envolver diferentes concepções, porém, comumente, haverá predominância de uma delas.

Na escola democrática e inclusiva, a equipe responsável pela organização do trabalho pedagógico é constantemente desafiada a analisar o funcionamento da escola nos aspectos físico, pedagógico e quanto às interações entre as pessoas, no intuito de promover uma escola que propicie a aprendizagem de todos os estudantes, em um ambiente acolhedor, no qual os valores relativos aos direitos humanos são vivenciados no cotidiano mais do que expostos em cartazes e exposições, o que também é válido, mas insuficiente, se não for experimentado nas relações entre adultos e entre estes e as crianças.

Cabe à direção da escola o papel de coordenar a equipe para que, juntos, possam construir e realimentar um projeto de escola democrático e inclusivo. É preciso atenção da direção a muitos aspectos no ambiente escolar, dos quais listamos apenas alguns:

- Observar possíveis formas de exclusão presentes no ambiente escolar, promovendo as mediações necessárias para superação desse problema.
- Orientar toda a equipe da escola para o adequado acolhimento de todos os estudantes e seus familiares.
- Prover a escola dos recursos necessários ao adequado desenvolvimento do trabalho pedagógico, conforme recursos disponíveis e prioridades estabelecidas em conjunto com os órgãos colegiados.
- Construir um plano de trabalho para a unidade escolar, em conjunto com sua equipe e órgãos colegiados, traçando metas e estratégias para um ambiente inclusivo e para ampliar a qualidade de ensino dos estudantes.
- Destacar a relevância do trabalho pedagógico na escola, considerando os pedagogos como os profissionais responsáveis pela articulação e pelo acompanhamento das ações educativas na escola, apoiando e referendando sua função perante o coletivo da unidade escolar.
- Analisar, em conjunto com a equipe de pedagogos e de professores da unidade, nos conselhos de classe, as demandas individuais dos estudantes, traçando metas e estratégias a serem desenvolvidas no plano de ensino individualizado.
- Referendar a importância do adequado uso e organização dos espaços e tempos escolares, com foco na aprendizagem de todos os estudantes, por meio do planejamento coletivo e participativo das ações a serem efetivadas na escola.

- Promover e incentivar processos de avaliação de caráter diagnóstico e formativo, tanto para a escola (ao promover análises acerca da qualidade do trabalho) como para os estudantes.
- Primar pelas relações interpessoais respeitosas e colaborativas entre todos que convivem no ambiente escolar.
- Promover a democratização dos colegiados da escola, veiculando informações e estimulando a participação.
- Estimular, por meio de ações devidamente planejadas, a participação das famílias na escola.

Há muitos outros aspectos, conforme as demandas de cada escola e as normativas acerca de atribuições respectivas às funções de cada rede ou corporação de ensino.

4.2 Organização do trabalho pedagógico e a inclusão

Os movimentos pela inclusão rompem com a lógica da escola homogênea, que ensina e se organiza de maneira igual para todos os que se adaptam a essa organização. Com a presença da diversidade, a escola e as suas instâncias mantenedoras, em um processo inverso, precisam se adequar a um público em que prevaleçam a heterogeneidade e a diferença. Dessa forma, a inclusão do estudante com deficiência, transtornos globais do desenvolvimento e altas habilidades/superdotação na escola regular exige reestruturações de caráter pedagógico e relacional, bem como do ambiente físico da escola. Assim, é preciso rever seus espaços, suas metodologias, seu sistema de avaliação, a organização dos tempos escolares, os recursos disponíveis, tanto materiais quanto humanos, além da qualificação desses recursos.

A inclusão envolve maior articulação entre família e escola, e apoio de diferentes profissionais. São fatores que, se implementados, qualificam o trabalho voltado a cada estudante, com ou sem deficiência.

Forest e Pearpoint (1997, p. 138) definem o princípio da inclusão da seguinte forma:

> Inclusão não trata apenas de colocar uma criança deficiente em uma sala de aula ou em uma escola. Esta é apenas a menor peça do quebra-cabeça. Inclusão trata, sim, de como nós lidamos com a diversidade, como lidamos com as diferenças, como lidamos (ou como evitamos lidar) com a nossa moralidade. [...] inclusão não quer absolutamente dizer que somos todos iguais. Inclusão celebra, sim, nossa diversidade e diferenças com respeito e gratidão. Quanto maior a nossa diversidade, mais rica a nossa capacidade de criar novas formas de ver o mundo.

Quando pensamos em inclusão, consideramos que as pessoas são diferentes e precisam ser atendidas em suas necessidades e particularidades. Incluir não é simplesmente trazer alguém para a convivência, para o espaço da sala de aula; incluir é buscar maneiras de envolver as pessoas de forma que desenvolvam suas potencialidades e sejam respeitadas em suas diferenças.

4.2.1 Projeto político pedagógico e a escola inclusiva

É fato que a diversidade predomina na escola, portanto, precisamos investir em práticas que intensifiquem a inclusão escolar. É necessário transformar a escola por meio de "novas formas de organização escolar, audaciosas e comprometidas com uma nova forma de pensar e fazer a educação" (Oliveira, 2004, p. 109, citado por Oliveira; Leite, 2007, p. 512).

Entendemos que o PPP é o instrumento fundamental para que essas transformações ocorram, pois, por meio dele, estabelecemos os propósitos a alcançar. Para Veiga (2011, p. 13), "o projeto busca um rumo, uma direção". A autora faz considerações acerca da dimensão política desse documento: "todo projeto pedagógico da escola é, também, um projeto político por estar intimamente articulado ao compromisso sociopolítico com os interesses reais e coletivos da população majoritária. É político no sentido de compromisso com a formação de um cidadão para um tipo de sociedade" (Veiga, 2011, p. 13).

Você sabe o que é o projeto político pedagógico (PPP)?

Podemos afirmar que o PPP é o documento que revela a identidade de uma escola, define e aponta os caminhos para alcançar o que a escola almeja em termos de educação de qualidade para todos e para transformar a realidade. O PPP estabelece a forma de **organizar o trabalho pedagógico** "da escola como um todo e [...] da sala de aula" (Veiga, 2011, p. 14).

Vasconcellos (2014, p. 169), por sua vez, explica que:

> O Projeto Político-Pedagógico é o plano global da instituição. Pode ser entendido como a sistematização, nunca definitiva, de um processo de Planejamento Participativo, que

se aperfeiçoa e se concretiza na caminhada, que define claramente o tipo de ação educativa que se quer realizar. É um instrumento teórico-metodológico para a intervenção e mudança da realidade. É um elemento de organização e integração da atividade prática da instituição neste processo de transformação.

Em relação à sua dimensão pedagógica, Eyng (2002, p. 26) explica que é pedagógico "porque define a intencionalidade formativa, porque expressa uma proposta de intervenção formativa, refletida e fundamentada, ou seja, a efetivação da finalidade da escola na formação para a cidadania".

A realidade da escola e suas concepções de homem, de mundo e de sociedade são apresentadas no PPP. Nele, também identificamos os fundamentos teóricos que embasam as práticas pedagógicas, bem como quais ações serão realizadas pela comunidade escolar para que se efetive o que foi proposto.

O PPP expressa, ainda, que tipo de cidadão e de sociedade se deseja formar e a concepção de organização e gestão escolar que se acredita ser a melhor para a comunidade educativa.

O PPP com base em uma concepção democrática de organização e gestão escolar exige que professores, estudantes, pais, pedagogos, direção e demais elementos da comunidade participem de sua elaboração e assumam responsabilidades para executar o que foi definido por meio de reflexões e discussões. Nesse sentido, para Veiga (2011, p. 13-14):

> O projeto político-pedagógico, ao se constituir em processo democrático de decisões, preocupa-se em instaurar uma forma de organização do trabalho pedagógico que supere os conflitos, buscando eliminar as relações competitivas,

corporativas e autoritárias, rompendo com a rotina do mando impessoal e racionalizado na burocracia que permeia as relações no interior da escola, diminuindo os efeitos fragmentários da divisão do trabalho que reforça as diferenças e hierarquiza os poderes de decisão.

Quando pensamos em inclusão, consideramos também o papel do PPP para combater a exclusão ainda presente na escola. A modalidade de ensino *educação especial*, segundo as Diretrizes Curriculares Nacionais da Educação Básica, precisa estar prevista no PPP da unidade escolar (Brasil, 2013c).

O PPP deve contemplar a diversidade existente na escola, servindo de apoio a todos os profissionais engajados na tarefa de tornar o ambiente escolar um espaço de aprendizagens e desenvolvimento.

Como explicam Oliveira e Leite (2007, p. 520):

> A elaboração do Projeto Político Pedagógico, que inclua as necessidades educacionais dos alunos que frequentam a escola, exige que a equipe pedagógica realize um mapeamento de sua clientela [...]. É a partir da análise desse perfil que a escola deve mapear e estabelecer suas linhas de ação, para o planejamento da implantação de um sistema escolar inclusivo.

Quando pensamos sobre o processo de inclusão no PPP, reconhecemos a importância de pensar a respeito das adequações que serão necessárias para atender com qualidade os estudantes. Devemos prever acessibilidade, flexibilidade do currículo, avaliação diferenciada, salas de recursos multifuncionais, atendimento educacional especializado (AEE), professores capacitados, recursos materiais, incluindo recursos de tecnologia assistiva (TA), entre outros elementos que possam favorecer o processo de ensino e aprendizagem. No decorrer deste livro, dedicaremos o Capítulo 6 para tratar da acessibilidade, que irá abordar, inclusive, a TA.

4.2.2 O currículo na escola inclusiva

Quando consideramos a diversidade presente em sala de aula, compreendemos quão desafiadoras se tornam a organização do currículo e do planejamento, porque, como defende Minetto (2008, p. 29), "o currículo torna-se a base para a estruturação de situações de inclusão e exclusão que começam na sala de aula". A autora esclarece que, quando planejamos o currículo, é preciso considerar quem planeja e para quem ele é direcionado, pois esses fatores terão influência sobre a organização (Minetto, 2008, p. 30).

Minetto (2008, p. 30) explica que:

> O professor enquanto planeja é influenciado por suas concepções pessoais, valores, histórias de vida, formação, entre outras. Com base nesses requisitos, pode planejar tendo em vista o aluno e suas potencialidades, dificuldades e necessidades. Ainda é influenciado pelos recursos materiais que terá disponível e o contexto no qual vai utilizá-lo.

Como já estudamos no Capítulo 2, foi a Lei n. 9.394, de 20 de dezembro de 1996 – a Lei de Diretrizes e Bases da Educação Nacional (LDB) –, que revelou a possibilidade de adaptação curricular no art. 59, inciso I, ao afirmar que:

> Art. 59. Os sistemas de ensino assegurarão aos educandos com deficiência, transtornos globais do desenvolvimento e altas habilidades ou superdotação:

I – currículos, métodos, técnicas, recursos educativos e organização específicos, para atender às suas necessidades; [...]. (Brasil, 1996)

Posteriormente, os Parâmetros Curriculares Nacionais – PCN (Brasil,1999) fizeram referência às adaptações curriculares, que tinham como propósito atender às necessidades dos estudantes com deficiência. Esses documentos provocam um novo olhar sobre o currículo na escola inclusiva a fim de tornar possível o atendimento às necessidades dos estudantes.

Silva e Kuhlkamp (2020, p. 166) explicam que o termo *adaptação curricular* foi usada por muito tempo "voltado aos 'arranjos' curriculares necessários para que a escola atendesse às necessidades de aprendizagem de estudantes com deficiência, transtornos globais do desenvolvimento e altas habilidades/superdotação, o que garante sua acessibilidade pedagógica".

Minetto (2008, p. 64), por sua vez, aponta que "as adaptações curriculares abrangem toda a organização de estratégias educativas que ajudem, facilitem e promovam a aprendizagem do aluno, por meio da flexibilização do currículo, independente da dimensão [...]".

A adaptação curricular diz respeito a qualquer alteração que se faça com o propósito de atender às necessidades individuais dos estudantes. Não se trata, portanto, de um novo currículo, mas de modificações no currículo, de ajustes graduais em um currículo dinâmico, que tem como propósito atender a todos os estudantes. Dessa forma, é necessário:

> conhecer os alunos e suas particularidades, determinar o nível de competência dele e fatores que viabilizam o seu processo de ensino-aprendizagem, o que, ao mesmo tempo, é

ponto de partida e ponto de chegada para os quais os professores devem direcionar as suas atenções. A atenção deve estar centrada no **potencial** e não no **déficit**. (Minetto, 2008, p. 68, grifo nosso)

Oliveira e Leite (2007, p. 520) corroboram a ideia de uma adequação curricular para atender individualmente às necessidades educacionais ao afirmarem que:

> a estrutura curricular prevista no Projeto Político Pedagógico, deve considerar a possibilidade de adequações que possam atender às necessidades educacionais de seus alunos através, inclusive, do estabelecimento de exigências mínimas para a aprendizagem e critérios avaliativos para a elaboração de um documento de adequação curricular individual.

Ainda em relação ao currículo e ao PPP, Minetto (2008, p. 56) aponta que "a organização de uma escola realmente inclusiva está retratada em seu currículo e na estruturação do Projeto Político Pedagógico (PPP) que deve ultrapassar a mera elaboração de planos e exigências burocráticas".

Um currículo flexível precisa ter como finalidade o progresso dos estudantes e sua participação efetiva, portanto, qualquer alteração no currículo que valorize a aprendizagem é sempre válida. Nesse sentido, Minetto (2008, p. 32) argumenta que:

> Uma escola consegue organizar um currículo inclusivo quando reconhece a complexidade das relações humanas (professor-aluno), a amplitude e os limites de seus objetivos e ações; quando entende o ambiente escolar como um espaço relacional que estabelece laços que contribuem para a formação de uma identidade individual e social.

Heredero (2010) considera que as adaptações curriculares são feitas em três níveis: 1) no âmbito do projeto pedagógico e seu currículo escolar; 2) no currículo desenvolvido na sala de aula; e 3) no nível individual de cada estudante. As situações, a seguir, ilustram como isso pode ocorrer:

A escola flexibiliza os critérios e os procedimentos pedagógicos, levando em conta a diversidade dos seus alunos;

O contexto escolar permite discussões e propicia medidas metodológicas diferenciadas, de avaliação e promoção que contemplem as diferenças individuais dos alunos;

A escola favorece e estimula a diversificação de técnicas, procedimentos e estratégias de ensino, de modo que ajuste o processo de ensino e aprendizagem às características, potencialidades e capacidades dos alunos;

A comunidade escolar realiza avaliações do contexto que interferem no processo pedagógico;

A escola assume a responsabilidade da identificação e avaliação diagnóstica dos alunos que apresentem necessidades educacionais especiais, com o apoio dos setores do sistema e outras articulações;

A escola elabora documentos informativos mais completos e elucidativos;

A escola define objetivos gerais, levando em conta a diversidade dos alunos;

> O currículo escolar flexibiliza a priorização, a sequenciação e a eliminação de objetivos específicos, para atender às diferenças individuais. (Heredero, 2010, p. 198)

A adaptação curricular envolve muitos elementos: é preciso estabelecer os conteúdos e definir os objetivos, além de selecionar as metodologias mais adequadas, considerando a variedade, quando necessário, para promover a aprendizagem, o tempo para realização das atividades, além de questões relacionadas à avaliação: o que será avaliado, quando e como será feita a avaliação.

Além disso, pode, em casos especiais, ser direcionada a um determinado estudante. Essas adaptações ocorrem quando se percebe que existem particularidades não atingidas ao fazermos adaptação curricular para o grupo de estudantes.

Ao abordar a perspectiva da adaptação curricular, Silva e Kuhlkamp (2020) lembram que ela era direcionada aos estudantes com deficiência, no sentido de respeitar suas singularidades no que se refere a tempo, interesse e ritmo de aprendizagem. Entretanto, as autoras destacam que, a partir de 2010, o termo *flexibilização curricular* passou a ser empregado nas orientações curriculares como estratégias de ensino destinadas a todos os estudantes, com e sem deficiência, por ser desenvolvida a compreensão de que, "se a escola é inclusiva, deve ensinar a todos e a cada um. É sob essa premissa que se constata que já não bastam as adaptações curriculares; é preciso ir além" (Silva; Kuhlkamp, 2020, p. 168).

Ao refletirem sobre esse aspecto, Ropoli et al. (2010, p. 15-16) afirmam que:

> A ideia do currículo adaptado está associada à **exclusão na inclusão** dos alunos que **não conseguem acompanhar o progresso dos demais colegas** na aprendizagem. Currículos adaptados e ensino adaptado negam a aprendizagem diferenciada e individualizada. O ensino escolar é coletivo e deve ser o mesmo para todos, a partir de um único currículo. É o aluno que se adapta ao currículo, quando se admitem e se valorizam as diversas formas e os diferentes níveis de conhecimento de cada um.

Constatamos divergências de terminologias acerca dos "arranjos" curriculares em uma escola inclusiva. Seja como for, entendemos que o currículo precisa ser construído com base no direito à aprendizagem por parte de todos os estudantes, o que realmente precisa ser apreendido e de que forma ele pode ser compreendido por todos, bem como o que se pode fazer para que a escola cumpra o seu dever de promover uma educação de qualidade.

4.3 Atendimento educacional especializado

Você sabe o que é um atendimento educacional especializado (AEE)? Conhece alguma rede de ensino que oferece esse serviço?

O AEE, ofertado preferencialmente na rede regular de ensino, foi previsto no art. 208 da Constituição Federal (CF) de 1988:

Art. 208. O dever do Estado com a educação será efetivado mediante a garantia de:

I – educação básica obrigatória e gratuita dos 4 (quatro) aos 17 (dezessete) anos de idade, assegurada inclusive sua oferta gratuita para todos os que a ela não tiveram acesso na idade própria;

II – progressiva universalização do ensino médio gratuito;

III – atendimento educacional especializado aos portadores de deficiência, preferencialmente na rede regular de ensino; [...]. (Brasil, 1988)

Com base na Constituição e em avanços dos estudos na perspectiva inclusiva, documentos importantes para regulamentar a educação especial e inclusiva e apontar diretrizes para o AEE são elaborados.

As Diretrizes Operacionais da Educação Especial na Educação Básica, instituídas por meio da Resolução n. 4, de 2 de outubro de 2009, determinam que o "AEE tem como função complementar ou suplementar a formação do aluno por meio da disponibilização de serviços, recursos de acessibilidade e estratégias que eliminem as barreiras para sua plena participação na sociedade e desenvolvimento de sua aprendizagem" (Brasil, 2009b, art. 2º).

De acordo com esse documento, o atendimento deve ser realizado, preferencialmente, nas salas de recursos multifuncionais e visa complementar e/ou suplementar a formação dos estudantes para possibilitar que vivam com mais autonomia e independência. O art. 4º da resolução especifica, assim, o público-alvo do AEE:

> Art. 4º Para fins destas Diretrizes, considera-se público-alvo do AEE:
>
> I – Alunos com deficiência: aqueles que têm impedimentos de longo prazo de natureza física, intelectual, mental ou sensorial.
>
> II – Alunos com transtornos globais do desenvolvimento: aqueles que apresentam um quadro de alterações no desenvolvimento neuropsicomotor, comprometimento nas relações sociais, na comunicação ou estereotipias motoras. Incluem-se nessa definição alunos com autismo clássico, síndrome de Asperger, síndrome de Rett, transtorno desintegrativo da infância (psicoses) e transtornos invasivos sem outra especificação.
>
> III – Alunos com altas habilidades/superdotação: aqueles que apresentam um potencial elevado e grande envolvimento com as áreas do conhecimento humano, isoladas ou combinadas: intelectual, liderança, psicomotora, artes e criatividade. (Brasil, 2009b)

As Diretrizes Curriculares Nacionais da Educação Básica orientam a matrícula dos estudantes com deficiência, transtornos globais do desenvolvimento (TGD) e altas habilidades/superdotação tanto nas salas comuns da escola regular quanto no AEE e fazem menção à oferta do AEE nas salas de recursos multifuncionais ou em centro de atendimento educacional especializado da rede pública ou em outras instituições (Brasil, 2013c).

Segundo as Diretrizes (2013c, p. 42), o AEE tem como objetivo "identificar habilidades e necessidades dos estudantes, organizar recursos de acessibilidade e realizar atividades pedagógicas específicas que promovam seu acesso ao currículo". Esse atendimento acontecerá no contraturno, complementando o trabalho realizado nas classes comuns.

Esse documento ainda explica que o professor da classe comum deverá ter condições para "explorar e estimular as potencialidades de todos os estudantes, adotando uma pedagogia dialógica, interativa, interdisciplinar e inclusiva", cabendo ao professor do AEE a identificação das habilidades e necessidades dos estudantes em atendimento especial, bem como a orientação em relação aos serviços, recursos pedagógicos e de acessibilidade que podem promover a participação e a aprendizagem dos estudantes (Brasil, 2013c).

O AEE e o atendimento em salas comuns do ensino regular precisam estar articulados. Esse atendimento deve estar previsto no PPP da escola e no projeto pedagógico do centro de atendimento. Em relação ao PPP, as Diretrizes Operacionais da Educação Especial para o AEE na educação básica preveem na sua organização:

> Art. 10. [...]
>
> I – sala de recursos multifuncionais: espaço físico, mobiliário, materiais didáticos, recursos pedagógicos e de acessibilidade e equipamentos específicos;
>
> II – matrícula no AEE de alunos matriculados no ensino regular da própria escola ou de outra escola;
>
> III – cronograma de atendimento aos alunos;

IV – plano do AEE: identificação das necessidades educacionais específicas dos alunos, definição dos recursos necessários e das atividades a serem desenvolvidas;

V – professores para o exercício da docência do AEE;

VI – outros profissionais da educação: tradutor e intérprete de Língua Brasileira de Sinais, guia-intérprete e outros que atuem no apoio, principalmente às atividades de alimentação, higiene e locomoção;

VII – redes de apoio no âmbito da atuação profissional, da formação, do desenvolvimento da pesquisa, do acesso a recursos, serviços e equipamentos, entre outros que maximizem o AEE. (Brasil, 2009b)

Para ajudar os estudantes com deficiência, transtornos globais do desenvolvimento e altas habilidades/superdotação a desenvolverem habilidades, o AEE disponibiliza atividades específicas, como "programas de enriquecimento curricular, o ensino de linguagens e códigos específicos de comunicação e sinalização e tecnologia assistiva" (Brasil, 2008b, p. 11). O AEE é acompanhado por meio de instrumentos que possibilitem monitoramento e avaliação da oferta realizada nas escolas da rede pública e nos centros de atendimento educacional especializados, públicos ou conveniados, e atende todas as modalidades da educação básica, respeitando as individualidades e especificidades de cada fase e deficiência (Brasil, 2008b).

Nos próximos tópicos deste capítulo, apresentaremos um pouco mais sobre o espaço em que esse atendimento ocorre e sobre os profissionais responsáveis pelo AEE.

4.3.1 Sala de recursos multifuncionais

As crianças com deficiência, transtornos globais do desenvolvimento e altas habilidades/superdotação precisam ser atendidas em suas especificidades e a elas precisa ser garantido o direito de se desenvolver e aprender. Sendo assim, conforme as situações, são necessárias adequações na escola, desde a estrutura física até as questões pedagógicas, envolvendo, inclusive, a formação de professores especializados, a flexibilização curricular e a utilização de salas de atendimento multifuncional para AEE.

A implantação de salas de recursos multifuncionais foi prevista em 2007, no Plano de Desenvolvimento da Educação – PDE (Brasil, 2007b). Esse plano reunia programas cujo propósito era melhorar a educação no Brasil por meio de "apoio técnico e financeiro aos sistemas de ensino para garantir o acesso ao ensino regular e a oferta do AEE aos alunos com deficiência, transtornos globais do desenvolvimento e/ou altas habilidades/ superdotação" (Brasil, 2010, p. 9).

Para a implantação de salas de recursos multifuncionais, foi instituído pelo Ministério da Educação (MEC) e pela Secretaria de Educação do Estado de São Paulo (Seesp), por meio da Portaria n. 13, de 24 de abril de 2007 (Brasil, 2007c) – o Programa de Implantação de Salas de Recursos Multifuncionais, que faz parte do PDE. Para que ocorra a implantação, são realizadas as seguintes ações:

- Aquisição dos recursos que compõem as salas;
- Informação sobre a disponibilização das salas e critérios adotados;
- Monitoramento da entrega e instalação dos itens às escolas;

- Orientação aos sistemas de ensino para a organização e oferta do AEE;
- Cadastro das escolas com sala de recursos multifuncionais implantadas;
- Promoção da formação continuada de professores para o AEE;
- Encaminhamento, assinatura e publicação dos Contratos de Doação;
- Atualização dos recursos das salas implantadas pelo Programa;
- Apoio à acessibilidade nas escolas com salas implantadas. (Brasil, 2010, p. 9)

Baptista (2011, p. 70) explica como as salas de recursos multifuncionais podem colaborar com o processo de ensino e aprendizagem nas salas comuns:

> Algumas das vantagens que eram associadas à classe especial podem ser potencializadas na sala de recursos, pois o trabalho com pequenos grupos é estimulado, permitindo melhor acompanhamento do aluno, favorecendo trajetórias de aprendizagem mais individualizadas sob a supervisão de um docente com formação específica. No caso da sala de recursos, a grande vantagem é que esse processo tem condições de alternância contínua com aquele desenvolvido na sala de aula comum.

O atendimento nas salas de recursos multifuncionais pode ocorrer tanto de forma individual quanto em grupos pequenos, considerando as necessidades dos estudantes. Podem ser empregados recursos de TA para colaborar com o desenvolvimento de mais autonomia pelos estudantes na realização de atividades diárias, além de outros recursos/tecnologias educacionais que auxiliem no processo de ensino e aprendizagem. Porém, para que o atendimento ocorra de forma adequada, é necessário que o professor de AEE seja qualificado para exercer suas funções.

4.3.2 O professor de AEE

A Política Nacional de Educação Especial na Perspectiva da Educação Inclusiva (Brasil, 2008b) trouxe novos rumos para o atendimento ao estudante com deficiência, TGD e altas habilidades/superdotação, ao considerar que esses estudantes teriam o apoio do AEE como complementar ou suplementar ao trabalho realizado nas salas regulares de ensino. Dessa forma, o AEE disponibilizaria serviços, recursos e estratégias pedagógicas a fim de atender às necessidades dos estudantes, auxiliando no processo de ensino e aprendizagem. Observamos, com base nesse documento, a necessidade de uma nova organização escolar e de profissionais preparados para atender, da melhor forma, essa demanda.

Esperamos, portanto, assim como Giroto, Poker e Omote (2012, p. 12):

> um novo modelo de formação docente que requer um professor preparado para atuar em uma escola pautada na atenção à diversidade, para desenvolver sua prática pedagógica considerando diferentes modos de aprender e ensinar, contrários a cultura escolar tradicional até então vigente, historicamente excludente, seletiva, pautada em um modelo de ensino homogeneizador.

Esse novo modelo exige repensar a formação do profissional da educação, porque é fundamental que o professor reconheça o quão importante será o seu envolvimento em momentos de formação que o auxiliem a buscar novas formas de promover aprendizagens significativas, a reconhecer as necessidades de seus estudantes, a escolher tecnologias que favoreçam o processo de ensino e aprendizagem e a identificar formas de avaliação que atendam as particularidades de sua turma e de seus estudantes.

O atendimento aos alunos com deficiência, TGD e altas habilidades/superdotação, muitas vezes, gera medo e insegurança nos profissionais que irão acompanhar os estudantes, causados pelo desconhecimento de formas adequadas de atendimento ou pelo desafio do novo. Portanto, é necessária uma formação que garanta a esses profissionais um excelente desempenho para assegurar aos estudantes por eles atendidos educação de qualidade, que contribua para o desenvolvimento de suas funções. De acordo com o art. 13 da Resolução n. 4/2009 do MEC, essas funções são:

> Art. 13. [...]
>
> I – identificar, elaborar, produzir e organizar serviços, recursos pedagógicos, de acessibilidade e estratégias considerando as necessidades específicas dos alunos público-alvo da Educação Especial;
>
> II – elaborar e executar plano de Atendimento Educacional Especializado, avaliando a funcionalidade e a aplicabilidade dos recursos pedagógicos e de acessibilidade;

III – organizar o tipo e o número de atendimentos aos alunos na sala de recursos multifuncionais;

IV – acompanhar a funcionalidade e a aplicabilidade dos recursos pedagógicos e de acessibilidade na sala de aula comum do ensino regular, bem como em outros ambientes da escola;

V – estabelecer parcerias com as áreas intersetoriais na elaboração de estratégias e na disponibilização de recursos de acessibilidade;

VI – orientar professores e famílias sobre os recursos pedagógicos e de acessibilidade utilizados pelo aluno;

VII – ensinar e usar a tecnologia assistiva de forma a ampliar habilidades funcionais dos alunos, promovendo autonomia e participação; [...]. (Brasil, 2009b)

Conforme vimos no Capítulo 1 deste livro, a LDB (Lei n. 9.394/1996), em seu art. 59, inciso III, estabelece que, para realizar atendimento especializado, os professores precisam ter "especialização adequada em nível médio ou superior" e, sobre os professores do ensino regular, afirma que estes precisam estar "capacitados para a integração desses educandos nas classes comuns" (Brasil, 1996).

Ainda sobre a formação dos professores para AEE, a Resolução n. 4/2009, em seu art. 12, determina que os professores tenham formação para a docência e em educação especial (Brasil, 2009b).

Consideramos também fundamental a participação em cursos de formação continuada, assim como menciona Prieto (2006, p. 57):

a formação continuada do professor deve ser um compromisso dos sistemas de ensino [...] que [...], devem assegurar que sejam aptos a elaborar e a implantar novas propostas e práticas de ensino para responder às características de seus alunos, incluindo aquelas evidenciadas pelos alunos com necessidades educacionais especiais.

A formação adequada dos professores irá viabilizar, por exemplo, a elaboração de um plano de ensino individualizado (PEI) que atenda às singularidades de cada educando com deficiência, transtornos globais do desenvolvimento e altas habilidades/superdotação no contexto escolar.

Para pensar em métodos, técnicas e recursos adequados, o professor precisa da formação específica para compreender o estudante e adequar o currículo ou flexibilizar metodologias para que o aluno acesse os conteúdos.

Da mesma forma, professores com mais formação acerca das deficiências, TGD e altas habilidades/superdotação serão mais eficazes em se organizar para exigir condições de trabalho e recursos mais adequados às necessidades de seus educandos. Portanto, a formação dos profissionais para o atendimento aos educandos com deficiência, transtornos globais do desenvolvimento e altas habilidades/superdotação, em todos os níveis de ensino, é direito tanto dos educandos quanto de seus professores.

A formação pode ainda levar à reflexão, à análise crítica e à construção de outro sentido para a educação inclusiva, extrapolando a visão de integração centrada nos fatores orgânicos ou individuais – por meio da qual procurava-se adequar a pessoa com deficiência ao padrão de funcionamento da escola comum – para uma lógica inclusiva – por meio da qual as diferentes pessoas que atuam no espaço educacional se mobilizam conjuntamente para construir uma escola que organize ou reorganize sua estrutura física, pedagógica e de relações interpessoais para atender a todos (Anjos; Andrade; Pereira, 2009).

O profissional de AEE é quem irá oferecer atividades para complementar o trabalho realizado nas salas comuns e possibilitar que o estudante desenvolva diferentes habilidades. São ainda atribuições do professor de AEE:

- Elaboração, execução e avaliação do plano de AEE do aluno;
- Definição do cronograma e das atividades do atendimento do aluno;
- Organização de estratégias pedagógicas e identificação e produção de recursos acessíveis;
- Ensino e desenvolvimento das atividades próprias do AEE, tais como: Libras, Braille, orientação e mobilidade, Língua Portuguesa para alunos surdos; informática acessível; Comunicação Alternativa e Aumentativa – CAA, atividades de desenvolvimento das habilidades mentais superiores e atividades de enriquecimento curricular;
- Acompanhamento da funcionalidade e usabilidade dos recursos de tecnologia assistiva na sala de aula comum e ambientes escolares;
- Articulação com os professores das classes comuns, nas diferentes etapas e modalidades de ensino;
- Orientação aos professores do ensino regular e às famílias sobre os recursos utilizados pelo aluno;
- Interface com as áreas da saúde, assistência, trabalho e outras. (Brasil, 2010, p. 8-9)

Reforçamos que é fundamental que o professor de AEE invista em pesquisas que possibilitem conhecer metodologias, recursos, práticas que favoreçam o estudante que frequenta as salas de recursos multifuncionais. Ao considerar a utilização de materiais e recursos diferenciados, que possam colaborar com o processo de ensino e aprendizagem, o professor do AEE precisa buscar identificar tecnologias que auxiliem nesse processo.

Giroto, Poker e Omote (2012, p. 14) explicam que:

> Do recurso mais sofisticado que agrega maior tecnologia ao mais simples material confeccionado artesanalmente, o professor especializado assume a responsabilidade, inclusive, pela disseminação, na escola, do uso de diferentes tecnologias de informação e comunicação, ao efetivar a parceria com os professores do ensino regular na superação de barreiras que impedem ou dificultam o acesso e aprendizagem do conteúdo curricular proposto, por parte de alunos com deficiências, com TGD ou altas habilidades/superdotação. Ainda, contribui para que muitos desses recursos sejam também aproveitados pelos professores do ensino regular com os demais alunos na otimização do aproveitamento curricular.

Os professores, de um modo geral, precisam desenvolver competências digitais que os auxiliem em sua vida diária, no desenvolvimento de seu trabalho e no exercício da cidadania. Para Ferrari (2012, citada por Silva; Behar, 2019, p. 11), competências digitais dizem respeito a

> um conjunto de conhecimentos, habilidades e atitudes, estratégias e sensibilização de que se precisa quando se utilizam as

TICs e os meios digitais para realizar tarefas, resolver problemas, se comunicar, gestar informação, colaborar, criar e compartilhar conteúdo, construir conhecimento [...], de maneira crítica, criativa, autônoma, flexível, ética, reflexiva para o trabalho, o lazer, a participação, a aprendizagem, a socialização, o consumo e o empoderamento.

Em sala de aula, o professor deve incorporar as tecnologias em práticas pedagógicas que promovam aprendizagens, bem como provocar análise crítica acerca das tecnologias. Debater sobre *cyberbullyng*, plágio, segurança digital, privacidade, *fake news* é necessário para que os estudantes possam refletir sobre questões relacionadas ao mundo digital, pois as crianças e jovens que estão hoje nas escolas fazem parte de um mundo envolto pelas tecnologias de informação e comunicação (TICs) e pelas tecnologias digitais de informação e comunicação (TDICs), e saber utilizá-las de forma crítica e ética é uma das competências que todos precisam desenvolver.

Sabemos que a versatilidade das TICs podem favorecer tanto práticas tradicionais quanto inovadoras. O professor poderá, apesar de usar tecnologias inovadoras, utilizá-las para reproduzir metodologias tradicionais, portanto, é fundamental a pesquisa sobre diferentes formas de uso, o reconhecimento das necessidades dos estudantes e de seu papel na construção do conhecimento.

Valente (2014, p. 162) considera que "a implantação das TDICs na educação vai muito além do prover acesso à informação. Elas têm que estar inseridas e integradas aos processos educacionais, agregando valor à atividade que o aluno ou o professor realiza, como acontece com a integração das TDICs em outras áreas".

É importante que o professor de AEE tenha acesso e capacitação para identificar quais tecnologias podem ser utilizadas para favorecer o desenvolvimento e a aprendizagem dos estudantes com deficiência, TGD e altas habilidades/superdotação, a fim de garantir práticas pedagógicas inclusivas, por meio também de personalização de atividades, ou seja, que considerem as necessidades individuais de cada estudante.

As tecnologias, quando bem-utilizadas, podem favorecer o processo de ensino e aprendizagem, pois oferecem diferentes recursos que atraem e facilitam, muitas vezes, a compreensão de determinado tema; além disso, "a utilização de diferentes estratégias e recursos tecnológicos permite atenuar as dificuldades que alguns sujeitos com necessidades educativas especiais têm não só durante o período de escolarização, como também em sua posterior incorporação ao mundo do trabalho" (Gonzáles, 2002, citado por Giroto; Poker; Omote, 2012, p. 21).

As TICs podem auxiliar o desenvolvimento das atividades por estudantes com deficiência, TGD e altas habilidades/superdotação, pois o professor pode programar tempo diferente para sua realização; propor atividades diferenciadas, atendendo o nível de compreensão dos estudantes; usar jogos educativos que estimulem a participação dos estudantes; ilustrar de diferentes formas o conteúdo trabalhado, entre outras possibilidades.

De acordo com Carvalho (2001, citado por Giroto; Poker; Omote, 2012, p. 19),

> a informática e as demais tecnologias de informação e comunicação não representam um fim em si mesmas. São

procedimentos que poderão melhorar as respostas educativas da escola e contribuir, no âmbito da educação especial, para que alunos cegos, surdos, com retardo mental, com paralisia cerebral, paraplégicos, autistas, multideficientes, superdotados, dentre outros, possam atingir maior qualidade nos seus processos de aprendizagem e de exercício da cidadania.

A formação dos professores para uso das tecnologias digitais na educação, certamente, é um grande desafio. A inserção dessas tecnologias na escola exige, além de conhecimento para integrá-las nas práticas pedagógicas, o acesso e a manutenção dos equipamentos e a conexão de qualidade.

O conhecimento em relação aos serviços e recursos de TA também vai garantir que os estudantes possam fazer uso de tecnologias que colaboram para maior independência na realização das atividades tanto na sala comum quanto na sala de recursos.

Como vimos até aqui, a inclusão é uma tarefa que requer trabalho em parceria entre os profissionais que atuam com os estudantes, o que exige que integrantes da gestão (direção local e das instâncias de administração superior) estejam atentos às suas responsabilidades quanto à garantia das condições para que esses profissionais possam desenvolver um trabalho de qualidade, por meio de um planejamento conjunto, focado nas necessidades e potencialidades dos estudantes.

Tudo isso exige organização de tempo e de espaços para o planejamento conjunto, além do provimento de recursos pedagógicos e formação continuada para professores, tanto do AEE quanto da classe comum.

4.3.3 Tecnologias de informação e comunicação promovendo a inclusão

O avanço tecnológico trouxe mudanças significativas em nossas vidas porque alterou nossa forma de interagir, de trabalhar, de estudar; apresentou diferentes possibilidades de entretenimento, de fazer compras, transações bancárias, buscar informações, entre outras atividades comuns e cotidianas que realizamos. As TICs estão presentes em diversas situações diárias e são utilizadas por todas as gerações, em diferentes contextos. Constantemente, empregamos uma tecnologia para dar conta de alguma ação cotidiana, seja simples, seja mais complexa.

Os impactos causados pelas tecnologias são inúmeros. As TICs nos convidam a conhecer novas formas de interação, trabalho, estudo, lazer e também podem provocar o distanciamento físico entre as pessoas e o mundo concreto. Rocha (2006, p. 58) aponta que as tecnologias podem afastar as pessoas de outras pessoas e da natureza, ao afirmar:

> A utilização excessiva e irrefletida das novas tecnologias tem também nos afastado das relações diretas e concretas com o mundo real em que vivemos. Enquanto antes costumávamos despender o tempo de lazer na companhia de pessoas e próximas da natureza, hoje costumamos despender boa parcela de nosso tempo diante da televisão, videogames e computadores. Enquanto antes estudávamos a natureza in loco, hoje buscamos informações sobre ela online. [...] nunca estivemos tão conectados fisicamente e emocionalmente das pessoas e da natureza [...].

Diante dessas constatações, precisamos analisar criticamente as TICs e buscar o que há de bom em cada uma delas. No ano de 2020, quando teve início a pandemia da covid-19, por exemplo, o mundo precisou experimentar um distanciamento "forçado", em que apenas as tecnologias podiam aproximar as pessoas de seus entes queridos. A tecnologia digital se revelou e adentrou nossas casas para nos aproximar de pessoas; para possibilitar que os professores continuassem em contato com seus estudantes, provocando aprendizagens; para permitir que médicos e outros profissionais da saúde pudessem orientar seus pacientes; para oportunizar compras de alimentos, medicações e tudo que se fazia necessário, por meio de transações *on-line*; para promover reuniões de trabalho; enfim, para nos ensinar a viver de outra forma.

Considerando que continuarão a fazer parte da vida cotidiana cada vez mais, é importante que as pessoas estejam preparadas para o bom uso das diferentes TICs, e a escola tem um importante papel para que isso se efetive. Entre 2017 e 2018, foi aprovada a Base Nacional Comum Curricular (BNCC), que reconhece a importância da escola para que os estudantes possam desenvolver competências essenciais para a vida pessoal, profissional e para o exercício da cidadania. Dentre essas competências podemos identificar duas que estão relacionadas diretamente ao uso de tecnologias:

- Competência 4: comunicação

    Utilizar diferentes linguagens – verbal (oral ou visual-motora, como Libras, e escrita), corporal, visual, sonora e digital –, bem como conhecimentos das linguagens artística, matemática e científica, para se expressar e partilhar informações, experiências, ideias e sentimentos em diferentes contextos, além de produzir sentidos que levem ao entendimento mútuo. (Brasil, 2017)

- Competência 5: cultura digital

   Compreender, utilizar e criar tecnologias digitais de informação e comunicação de forma crítica, significativa, reflexiva e ética nas diversas práticas sociais (incluindo as escolares) para se comunicar, acessar e disseminar informações, produzir conhecimentos, resolver problemas e exercer protagonismo e autoria na vida pessoal e coletiva. (Brasil, 2017)

Como já dissemos, as TICs estão presentes em diferentes segmentos da sociedade, portanto, a escola também é espaço para sua inserção. Elas podem colaborar com a educação inclusiva ao oferecer recursos que atendam a todas as pessoas. Suas inúmeras possibilidades de uso e suas constantes inovações podem favorecer o acesso a inúmeras informações, permitir compartilhamentos de conteúdos e aprendizagem dos diversos temas trabalhados na escola, além de promover espaços de interação entre estudantes e seus pares e entre professores e estudantes.

Considerando que as TICs permitem acesso, produção e disseminação de informação, é importante considerarmos que as pessoas com deficiência, transtornos globais do desenvolvimento e altas habilidades/superdotação precisam ter condições de fazer uso dessas informações. O acesso a alguns *sites* da internet está garantido pela Lei n. 13.146, de 6 de julho de 2015, que determina, em seu art. 63, que:

Art. 63. É obrigatória a acessibilidade nos sítios da internet mantidos por empresas com sede ou representação comercial no País ou por órgãos de governo, para uso da pessoa com deficiência, garantindo-lhe acesso às informações disponíveis, conforme as melhores práticas e diretrizes de acessibilidade adotadas internacionalmente. (Brasil, 2015a)

Ainda sobre o acesso à informação e à comunicação, o art. 65 da referida lei estabelece que as empresas de telecomunicação devem garantir acesso à pessoa com deficiência, enquanto o art. 67 determina que os serviços de radiodifusão de sons e imagens permitam recursos como: "I – subtitulação por meio de legenda oculta; II – janela com intérprete da Libras; III – audiodescrição" (Brasil, 2015a).

A lei também prevê livros em formatos acessíveis (Brasil, 2015a, art. 68) e a oferta de TA para a participação da pessoa com deficiência em congressos, seminários e eventos de natureza científica cultural (Brasil, 2015a, arts. 70 e 71). Já no art. 69, a lei determina que cabe ao Poder Público:

> assegurar a disponibilidade de informações corretas e claras sobre os diferentes produtos e serviços ofertados, por quaisquer meios de comunicação empregados, inclusive em ambiente virtual, contendo a especificação correta de quantidade, qualidade, características, composição e preço, bem como sobre os eventuais riscos à saúde e à segurança do consumidor com deficiência, em caso de sua utilização [...]. (Brasil, 2015a)

Constatamos, então, que as TICs podem ser úteis em diversas situações e precisam estar acessíveis a todos. No campo da educação, são muitas as contribuições que as TICs conferem às práticas pedagógicas, porém, para que seu uso seja efetivo, é importante conhecer suas formas de utilização em práticas inovadoras que garantam o papel ativo do estudante no processo de aprendizagem.

As novas formas de ensinar e de aprender mediadas pelas TICs podem ser consideradas "responsáveis" pela ampliação da oferta da educação a distância (EaD). Sabemos que a EaD, ao longo de sua existência, já se utilizou de diferentes tecnologias para promover a democratização do ensino – correios, rádio, televisão –, mas o avanço com o acesso à internet foi muito maior.

De acordo com o Decreto n. 5.622, de 19 de dezembro de 2005, a EaD pode ser definida como

> modalidade educacional na qual a mediação didático-pedagógica nos processos de ensino e aprendizagem ocorre com a utilização de meios e tecnologias de informação e comunicação, com estudantes e professores desenvolvendo atividades educativas em lugares ou tempos diversos. (Brasil, 2005a)

As TICs, tão presentes na vida diária dos diversos segmentos da sociedade, quando inseridas no contexto educacional para promover o processo de ensino e aprendizagem, são consideradas tecnologias educacionais. Para Poker, Navega e Petitto (2012, p. 11):

> No atual contexto educacional, muito se tem falado sobre as diferentes formas de utilização da tecnologia educacional e

de recursos adaptados. São ferramentas que incrementam a qualidade dos processos de ensino e de aprendizagem, bem como proporcionam novas formas de planejar e avaliar o processo de escolarização, respeitando os diferentes estilos de aprendizagem dos alunos, o que favorece o trabalho em grupos, viabiliza a pesquisa, a capacidade de pensar, a tomada de decisões e a interdisciplinaridade.

Como vemos, as tecnologias educacionais podem colaborar com o processo de ensino e aprendizagem de todos os estudantes, pois despertam o interesse no estudante em aprender por meio de diferentes ferramentas e possibilidades de uso.

Os estudantes com deficiência, transtornos globais do desenvolvimento e altas habilidades/superdotação podem acessar, por meio das TICs, os conteúdos trabalhados na escola; buscar, compartilhar e produzir informações; realizar atividades propostas pelo professor; pesquisar temas trabalhados na escola; interagir com professores e colegas de classe, dentre outras possibilidades.

O professor pode investir em atividades "personalizadas", atendendo às diferentes necessidades de seus estudantes utilizando, por exemplo, jogos educativos disponíveis para uso no computador.

Quando falamos em tecnologias para pessoas com deficiência, estamos incluindo a TA, que diz respeito a "todo o arsenal de recursos e serviços que contribuem para proporcionar ou ampliar habilidades funcionais de pessoas com deficiências e, consequentemente, promover vida independente e inclusão" (Schirmer et al., citados por Giroto; Poker; Omote, 2012, p. 15).

Os recursos de TA são indispensáveis para os estudantes com deficiência e serão contemplados no Capítulo 6, que trata da acessibilidade.

Síntese

Neste capítulo, pudemos constatar a importância da organização do trabalho pedagógico, enfatizando uma concepção democrático-participativa que propõe o envolvimento de toda a comunidade escolar em prol da educação de qualidade.

Compreendemos também que a inclusão do estudante com deficiência mobiliza toda a comunidade escolar para novos aprendizados e, por vezes, adequações na organização da escola, visando à acessibilidade, o que envolve, entre outros aspectos, o espaço físico, os recursos materiais e humanos e as questões pedagógicas. A inclusão exige a participação de todos: familiares, estudantes, professores, equipe diretiva e demais profissionais da escola.

Explicamos, ainda, como o projeto político pedagógico (PPP) é um documento importante para garantir que a inclusão ocorra, desde que extrapole o caráter burocrático e seja efetivo na unidade educacional.

Abordamos questões relacionadas ao currículo e seus elementos constituintes, bem como a importância do atendimento educacional especializado (AEE), da sala de recursos multifuncionais e da utilização de tecnologias educacionais para garantir aprendizagens significativas a todos os estudantes.

Defendemos ainda neste capítulo que currículos, métodos, recursos, organização do tempo de estudo e pessoal especializado/capacitado são elementos inter-relacionados; entretanto, afirmamos que a formação dos profissionais é fator primordial para que se viabilizem os demais. A formação adequada do professor para atendimento a estudantes de inclusão também é fundamental para que se promova educação de qualidade para todos, portanto, é necessário investir nessa formação e promover condições adequadas de trabalho a esses profissionais da educação.

Atividades de autoavaliação

1. De acordo com as concepções que embasam os processos de organização e de gestão escolar, analise as afirmações a seguir e julgue-as como verdadeiras (V) ou falsas (F).

   ( ) Na concepção autogestionária, é possível notar a valorização do exercício de poder e autoridade individualizada, evidenciando relações de subordinação.

   ( ) A concepção baseada na responsabilidade coletiva e que sugere participação de toda a comunidade escolar em decisões é a técnico-científica.

   ( ) A proposta do diretor da escola na concepção técnico-científica é buscar a concretização de objetivos comuns da comunidade escolar por meio de decisões coletivas e do envolvimento de todos os sujeitos.

   ( ) Na concepção democrático-participativa, há uma relação orgânica entre a direção escolar e os demais sujeitos da escola, como pais, estudantes e profissionais da escola, enfatizando o exercício de cidadania por meio do envolvimento de todos os integrantes.

   ( ) A concepção autogestionária é marcada pela divisão do trabalho, pela rigidez das funções e pela ausência de valorização e incentivo à participação das pessoas que fazem parte de decisões relacionadas ao trabalho realizado.

Assinale a alternativa que apresenta a sequência correta:

a) V, V, V, V, V.
b) F, F, F, V, F.
c) F, V, V, V, F.
d) V, V, V, V, V.
e) F, V, F, V, F.

2. Assinale a alternativa correta em relação ao projeto político pedagógico (PPP) da escola:
   a) O PPP está relacionado apenas ao espaço físico escolar, salientando normas de organização e ergonomia das salas de aula.
   b) O PPP é considerado um instrumento fundamental para que ocorram as transformações na organização, inclusive em relação à inclusão.
   c) O PPP é responsável por apresentar a identidade de uma escola, porém não é o documento que estabelece a forma de organizar o trabalho pedagógico.
   d) O PPP, com base em uma gestão técnico-científica, envolve a participação e a intervenção de professores, pais e estudantes em sua elaboração.
   e) A realidade da escola, suas concepções de homem e de mundo não estão presentes no PPP, pois fazem parte do documento que apresenta o regimento escolar, conforme explicita a LDB n. 9.394/1996.

3. Analise as afirmações a seguir e julgue-as verdadeiras (V) ou falsas (F).
   ( ) A adaptação do currículo se refere a qualquer alteração feita com o objetivo de atender às necessidades individuais de cada estudante.
   ( ) Quando falamos em adaptação curricular, estamos nos referindo à construção de um novo currículo para que este possa atender a todos os estudantes.
   ( ) Para que as adaptações curriculares ocorram, é necessário considerar, segundo Heredero (2010), três níveis: no campo do PPP e seu currículo; no currículo que é desenvolvido em sala de aula; e no nível que considera a individualidade de cada estudante.
   ( ) O currículo deve considerar o que o estudante deve realmente aprender e de que forma ele pode ser compreendido por todos, bem como as diretrizes para que a escola promova uma educação de qualidade.
   ( ) O termo *flexibilidade curricular*, usado a partir de 2010, diz respeito a estratégias de ensino destinadas, exclusivamente, aos estudantes com deficiência que frequentam as escolas regulares.

   Agora, assinale a alternativa que apresenta a sequência correta:

   a) V, F, F, V, F.
   b) F, F, F, V, V.
   c) F, F, F, F, V.
   d) V, V, V, V, F.
   e) V, F, V, V, F.

4. Em relação ao atendimento educacional especializado (AEE), assinale a alternativa correta:
   a) O AEE é ofertado aos estudantes com deficiência apenas na escola especial.
   b) É necessário estabelecer diretrizes para o AEE, visto que, no Brasil, até o ano de 2020, não há documentos que determinem como deve ser realizado esse tipo de atendimento.
   c) O AEE deve ocorrer, exclusivamente, nas salas de recursos multifuncionais da escola regular.
   d) O AEE não está vinculado ao atendimento em salas comuns do ensino regular. São momentos diferentes de participação do estudante, portanto, não há articulação entre eles.
   e) Entre os objetivos do AEE está o de identificar as habilidades e necessidades dos estudantes.

5. Com base nos estudos sobre o professor de atendimento educacional especializado (AEE), analise as afirmações a seguir e julgue-as verdadeiras (V) ou falsas (F).
   ( ) O aprendizado adquirido em formação para professor em nível médio, na modalidade normal, é suficiente para que o professor atue no AEE.
   ( ) Cabe ao professor da sala de aula comum a elaboração e a avaliação do plano de AEE do estudante, visto que o estudante com deficiência faz parte de sua turma.
   ( ) Uma das atribuições do professor de AEE é orientar os professores do ensino regular e as famílias sobre os recursos utilizados pelo estudante.

( ) É responsabilidade do profissional de AEE complementar o trabalho realizado nas salas comum e possibilitar que o estudante se desenvolva.

( ) O acompanhamento da funcionalidade e da usabilidade de recursos de tecnologia assistiva é atribuição do professor da AEE.

Assinale a alternativa que apresenta a sequência correta:

a) F, V, F, V, F.
b) V, F, F, F, F.
c) V, V, F, F, V.
d) F, F, V, V, V.
e) F, F, F, V, V.

Atividades de aprendizagem

Questões para reflexão

1. Sabemos da importância de uma formação adequada para o exercício da docência em turmas com estudantes com deficiência, transtornos globais do desenvolvimento (TGD) e altas habilidades/superdotação. Você se considera preparado (a) para desenvolver as funções atribuídas ao professor de AEE? Quais funções listadas neste capítulo você considera desafiadoras caso precise desenvolvê-las? Quais medidas iria tomar para dar conta dessas funções?

2. Atualmente, ante os avanços tecnológicos que nos afetam em diferentes contextos, defendemos a necessidade de os professores desenvolverem competências digitais. Quais competências digitais você considera possuir? De que

forma você pode contribuir para que os estudantes usem de forma adequada as tecnologias digitais de informação e comunicação disponíveis?

Para ajudar nessa reflexão, sugerimos a leitura dos seguintes materiais:

BRASIL. Ministério da Educação. **Base Nacional Comum Curricular**. Brasília, 2018. Disponível em: <http://basenacionalcomum.mec.gov.br/>. Acesso em: 4 fev. 2022.

PERIN, E. dos S.; FREITAS, M. C. D.; ROBLES, V. C. Competências digitais de docentes da educação básica. **Tear Revista de Educação, Ciência e Tecnologia**, v. 8, n. 2, 2019. Disponível em: <https://www.researchgate.net/publication/337794513_Competencias_digitais_de_docentes_da_educacao_basica>. Acesso em: 26 jan. 2022.

Atividade aplicada: prática

1. Entreviste três professores de atendimento educacional especializado (AEE) para conhecer os maiores desafios que eles encontram no exercício de sua função. Busque saber qual a formação de cada professor e, também, se a formação que eles têm é suficiente para atender às necessidades dos estudantes. Caso não seja suficiente, questione se eles buscam participar de outros momentos de formação, identificando cada um desses momentos e sua importância.

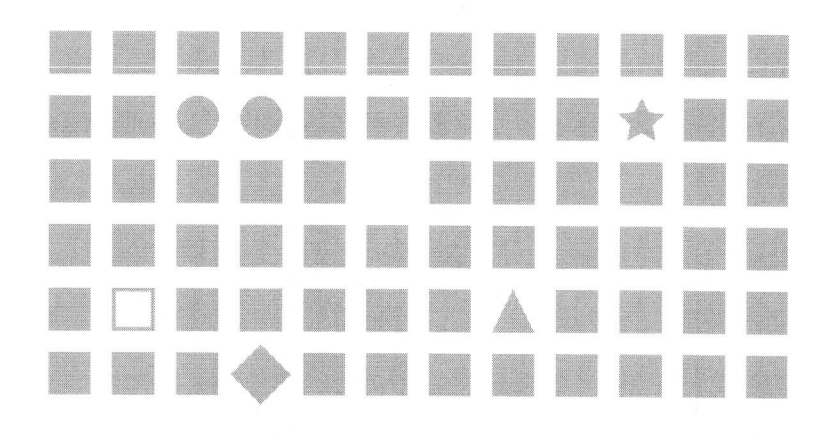

Capítulo 5
Relação família-escola na organização escolar

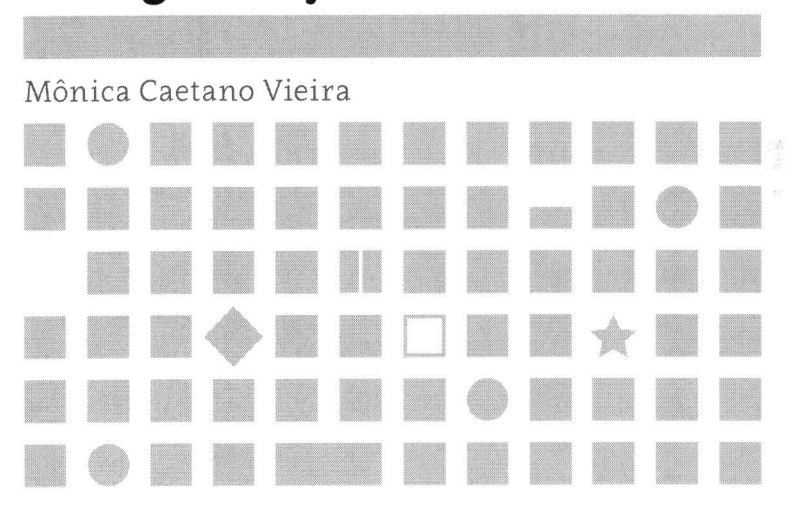

Mônica Caetano Vieira

Antes de refletirmos acerca da relação família e escola na organização escolar, buscaremos compreender a definição de *família* com base em diversos significados atribuídos a esse termo e aos modelos de família apresentados ao longo da história, inclusive no que diz respeito à legislação brasileira. Essa contextualização servirá de base para avançarmos na compreensão dos papéis da família e da escola na formação das crianças e na conquista de uma educação de qualidade.

5.1 A família e suas configurações

Você conhece a origem e o significado da palavra *família*?

A palavra *família*, oriunda do latim, está relacionada a alguém "que serve". Na Roma Antiga, *famulus* dizia respeito aos "escravos domésticos", aos servidores, à mulher e aos filhos, ou seja, a todos aqueles que moravam sob um mesmo teto e eram submissos ao senhor/patrão.

Ao longo do tempo, a concepção de família foi se transformando. Na Idade Média, por exemplo, não existia um "sentimento de família", pois crianças, adultos e visitantes viviam misturados nas casas que permitiam a entrada de todos. Não havia privacidade e a função da família estava restrita à transmissão da vida, transferência das posses e permanência do nome. A função afetiva da família não era percebida, já que as crianças, desde muito cedo, por volta dos sete anos, eram encaminhadas à casa de outras pessoas para com elas viver, aprender boas maneiras e um ofício; à mulher, era atribuída a tarefa de procriar e cuidar.

Foi na Idade Moderna que se revelou o início de um sentimento de família, pois, nessa época, a vida familiar tornou-se privada e observou-se a preocupação dos pais com os filhos, inclusive, em relação à saúde e à educação. Melman (2002, p. 42) afirma que "a passagem da família medieval para a moderna implicou uma lenta e insidiosa construção de um 'novo sentimento de família'. Essa transformação foi possível porque a família modificou suas relações e atribuições com a criança".

A preocupação em levar as crianças à escola, na Idade Moderna, reforça a necessidade de afastá-las do convívio dos adultos, recorrente na Idade Média, época em que as crianças não eram respeitadas em suas singularidades; em que suas necessidades próprias não eram consideradas, sendo vistas como adultos em miniatura. Ariès (1981, p. 231) corrobora esse entendimento ao afirmar que, ao levar a criança para a escola, havia o propósito de "isolar a juventude do mundo sujo dos adultos para mantê-la na inocência primitiva, a um desejo de treiná-la para melhor resistir às tentações dos adultos".

Nesse momento, a relação entre pais e filhos se tornou mais próxima, respaldada pela afetividade. Assim, as pessoas que antes estavam muito próximas das crianças, como amigos e criados, estavam agora mais distantes. Surgiu, então, uma nova concepção de família, a família nuclear, mais restrita, formada por pais e filhos.

Na Idade Contemporânea, a família passa por mudanças significativas. Inicialmente, até por volta da década de 1960, a família era formada por meio da união celebrada pelo casamento, em nome do amor, muito diferente do que se praticava em tempos anteriores, quando a união ocorria por meio de casamentos arranjados. Essa união não poderia ser rompida, "uma vez que o casamento era entendido como um sacramento religioso, além de ser um contrato civil" (Zanardo; Valente, 2009, p. 13). O Código Civil brasileiro de 1916 – Lei n. 3.071, de 1º de janeiro de 1916 (Brasil, 1916) – determinava que, para se formar uma família, era necessário se casar.

> No contexto dos anos novecentistas, a família tinha características próprias: era **matrimonializada**, ou seja, fundada exclusivamente por meio do casamento. Assim, era essencialmente **heterossexual**, uma vez que a diversidade de sexos é fundamental ao casamento; **indissolúvel**, pois *"o que Deus une o homem não separa"*, portanto, não se permitia o divórcio; unicamente **patriarcal**, gerando submissão absoluta de todos os membros da família à chefia masculina do pai; **hierarquizada** entre os próprios membros, concebendo, inclusive, distinção entre filhos, quanto à sua origem; e, basicamente, **patrimonialista**, já que preocupação com o patrimônio era essencial para a manutenção do lar, filhos e da própria família. (Jatobá, 2014, grifos do original)

O modelo patriarcal, citado por Jatobá (2014), é um modelo familiar muito antigo e se manteve por muitos anos. Nesse modelo, quem chefiava a família era o patriarca, o homem. A ele era designado sustentar a família, proteger sua esposa e seus filhos, enquanto a mulher tinha a responsabilidade de cuidar da casa e de seus filhos. Esse modelo chegou ao Brasil com a colonização, em que o patriarca era o senhor do engenho e, nesse caso, os escravos e os familiares que moravam sob o mesmo teto eram submissos a ele.

A partir da década de 1960, o surgimento da pílula anticoncepcional para mulheres e das inseminações artificiais, a legalização do divórcio, a inserção das mulheres no mercado de trabalho, o desaparecimento do "chefe de família", determinado pela Constituição Federal (CF) de 1988 (Brasil, 1988), o movimento feminista e o recasamento promoveram um novo olhar em relação à família.

Com as transformações, surgiram novas configurações de famílias. A mãe divorciada, que se une a um novo companheiro; os homens separados que formam novas famílias; mulheres que já são mães e se relacionam com homens que têm filhos de outros relacionamentos ou que nunca tinham sido pais; mulheres que geram filhos por meio de inseminação artificial; casais que optam por não ter filhos; filhos que moram ora na casa do pai, ora na casa da mãe; casais homossexuais que adotam crianças, são alguns exemplos.

Essas novas constituições familiares da contemporaneidade provocam também alterações nos papéis exercidos pelos seus membros no âmbito familiar. São exemplos disso as mães que trabalham fora, sustentam e cuidam sozinhas de seus filhos; pais que dividem as tarefas de casa; pais e mães que trabalham fora para prover o sustento à família; e pais que cuidam sozinhos de filhos.

Em relação aos arranjos familiares, Bonini (2009) considera que as famílias monoparentais podem ser "o modelo mais forte da atualidade", pois esse modelo envolve muitas possibilidades. Segundo a autora, o termo *famílias monoparentais* teve origem em 1975 e dizia respeito às mães e aos pais solteiros ou, ainda, a pais isolados.

> É um tipo de família composto por um ou vários filhos que vivem só com a mãe ou só com o pai. [...] Neste modelo, observamos vários tipos de relações entre pais e filhos:

- Mãe sozinha com filho de pai desconhecido;
- Mãe que conhece bem o pai, mas este recusa-se a reconhecer seu filho, tendo proposto o aborto;
- "Família monoparental voluntária – uma mulher ou um homem escolhe alguém com quem quer ter um filho;
- Viúvas e viúvos;
- União livre com duas residências;
- Adoção;
- Pais divorciados ou separados.

As famílias monoparentais poderiam ser divididas em duas categorias: aquelas em que a mãe, ou o pai, é realmente sozinha e as outras em que não são totalmente sós. (Bonini, 2009, p. 23-24)

As diversas configurações familiares se apresentam em nossa sociedade e exigem que a definição de família seja repensada. O modelo tradicional, praticado há muito tempo, divide espaço com formas diferentes de se constituir famílias, revelando que a união e o desejo de estabelecer famílias continua atual, porém suas configurações se apresentam de forma mais diversificada. Encontramos, na sociedade atual, família homoafetiva, monoparental, reconstruída, anaparental (com pessoas agregadas), entre outros arranjos.

Goldenberg (2008) corrobora com esse entendimento ao afirmar que a "pluralidade de formas de casamentos e famílias existentes em nossa cultura demonstra que homens e mulheres continuam querendo casar e constituir famílias, sem, no entanto, reproduzir o modelo tradicional de conjugalidade".

Em texto de apresentação ao estudo *Mulheres chefes de família no Brasil: avanços e desafios*, publicado em 2018 pela Escola

Nacional de Seguros, Maria Helena Monteiro (2018, p. 9) afirma que houve um aumento de mulheres chefiando as famílias brasileiras, "passando de 14,1 milhões em 2001 para 28,9 milhões em 2015. Esse cenário tornou-se mais acentuado nas famílias de núcleo duplo (casais com e sem filhos)" (Monteiro, 2018, p. 9).

No texto, Monteiro (2018) explica que:

> Ao longo de 15 anos, o número de mulheres chefes passou de 1 milhão para 6,8 milhões, nos casais com filhos, um aumento de 551%. Entre os casais sem filhos, o percentual de crescimento foi ainda maior: de 339 mil famílias para 3,1 milhões, uma expansão de 822%. Isso só no século XXI, que apenas se inicia! (Monteiro, 2018, p. 9)

Confirmamos, portanto, que o poder patriarcal que por muitos anos controlava a família, está perdendo forças para uma nova concepção em relação à estrutura familiar e aos novos modelos de famílias no século XXI. O avanço no aumento de mulheres chefes de família e a sua presença efetiva no mercado de trabalho sinalizam essa realidade.

Diante dela, é fundamental que as escolas estejam atentas aos novos modelos de família a que seus estudantes pertencem para que estas sejam respeitadas, valorizadas e contemplados em suas práticas pedagógicas.

5.1.1 A família à luz da legislação brasileira

Encontramos no Código Civil de 1916 (Lei n. 3.071/1916) algumas contribuições para o entendimento de como, na época, se formava a família brasileira. Segundo essa legislação, a família legítima era formada pelo casamento civil e ao homem era concedido o poder de chefe da família, revelando a família patriarcal, enquanto à mulher cabia ser companheira do marido e auxiliá-lo nas responsabilidades da família. Dizia a lei:

> Art. 229. Criando a família legítima, o casamento legitima os filhos comuns, antes dele nascido ou concebidos.
>
> [...]
>
> Art. 233. O marido é o chefe da sociedade conjugal.
>
> [...]
>
> Art. 240. A mulher assume, pelo casamento, com os apelidos do marido, a condição de sua companheira, consorte e auxiliar nos encargos da família. (Brasil, 1916)

Na CF/1988 também está expresso o entendimento sobre a constituição familiar brasileira, cujo art. 226 afirma que a família é a base da sociedade e tem a proteção do Estado, enquanto o parágrafo 1º do mesmo artigo estabelece que "o casamento é civil e gratuita a celebração" (Brasil, 1988).

No parágrafo 3º do art. 226, a lei reconhece a entidade familiar proveniente de união estável entre homem e mulher, ou seja, não há necessidade de a união ocorrer por meio de um casamento formal. No parágrafo 4º, por sua vez, encontramos a explicação de que essa entidade pode ser "formada por qualquer dos pais e seus descendentes" (Brasil, 1988), também conhecida como *família monoparental*.

A CF considera que deve existir, nas relações familiares, igualdade de direitos e de deveres entre o homem e a mulher (art. 226, § 5º), findando com a superioridade jurídica atribuída ao homem no contexto familiar, rompendo com a ideia do homem "chefe" de família (Brasil, 1988).

Com base no que diz a CF, vimos que existem três "modelos" de entidades familiares: 1) o casamento; 2) a união estável; e 3) a família monoparental. Contudo, como vimos anteriormente, não podemos desconsiderar outras formas de constituição familiar existentes que têm como base a afetividade, mesmo que esses modelos não estejam explícitos na CF.

Para Baptista (2014, p. 24):

> Hoje, pode-se dizer que o elemento da consanguinidade deixou de ser fundamental para a constituição da família. [...] a doutrina e a jurisprudência vêm aumentando o rol das modalidades de família, já sendo aceitas por alguns juristas outras formas, tais como a homoafetiva, a anaparental [...].

O art. 25 do Estatuto da Criança e do Adolescente (ECA) – Lei n. 8.069, de 13 de julho de 1990 – reforça o que a CF determina ao explicitar que: "Entende-se por família natural a comunidade formada pelos pais ou qualquer deles e seus descendentes" (Brasil, 1990).

No parágrafo único do art. 25, o ECA faz menção à família extensa da seguinte forma:

> Parágrafo único. Entende-se por família extensa ou ampliada aquela que se estende para além da unidade pais e filhos ou da unidade do casal, formada por parentes próximos com os quais a criança ou adolescente convive e mantém vínculos de afinidade e afetividade. (Incluído pela Lei nº 12.010, de 2009). (Brasil, 1990)

A Lei n. 10.406, de 10 de janeiro de 2002 (Brasil, 2002a) – o Código Civil (CC) brasileiro em vigência –, trouxe alterações importantes em relação ao CC de 1916. O atual CC reconhece que a família é plural, existindo diferentes formas de se constitui-la. As famílias podem ser formadas por meio de uma união estável e de um modelo monoparental (Brasil, 2002a).

De acordo com o CC/2002, no casamento, firmam-se os seguintes deveres dos cônjuges:

> Art. 1.566. São deveres de ambos os cônjuges:
> I – fidelidade recíproca;
> II – vida em comum, no domicílio conjugal;
> III – mútua assistência;
> IV – sustento, guarda e educação dos filhos;
> V – respeito e consideração mútuos. (Brasil, 2002a)

O CC/2002 apresenta ainda considerações essenciais acerca da filiação e dos direitos dos filhos, garantindo à criança adotada os mesmos direitos que os filhos biológicos. Conforme o art. 1.596: "Os filhos, havidos ou não da relação de casamento, ou por adoção, terão os mesmos direitos e qualificações, proibidas quaisquer designações discriminatórias relativas à filiação" (Brasil, 2002a). Esse artigo revela um novo olhar em relação aos direitos adquiridos pelos filhos adotivos, pois, no CC de 1916, os filhos adotivos não tinham os mesmos direitos que os filhos biológicos.

5.1.2 A família da criança com deficiência, transtornos globais do desenvolvimento e altas habilidades/superdotação

A expectativa de chegada de uma criança na vida familiar gera sentimentos de ansiedade e insegurança diante da responsabilidade de criar, educar e cuidar de um filho. A chegada de uma criança revela muitos desejos dos pais em relação aos filhos como expectativas para o futuro, saúde, amizades e bons relacionamentos.

    A família que espera um filho se prepara para uma nova forma de viver seus dias, pois a vida mudará em função do outro que chegará. São muitos os anseios, desejos e sonhos. Quando o filho finalmente chega, tudo se torna mais intenso. Experimentamos um amor nunca conhecido, descobrimos o que significa "depender do outro", exercitamos a renúncia de algumas situações na vida social e profissional e desejamos viver eternamente, para que possamos estar sempre presentes na vida desse novo ser.

    Todos esses sentimentos se tornam mais intensos quando a família descobre que o filho que chega é uma pessoa com deficiência. Algumas famílias vivem, nesse momento, o conflito do filho idealizado e do filho real. Mas essa é uma família, como outras, que experimenta também "urgências e turbulências" (Cortella, 2017), por vezes mais intensas.

    A Constituição de 1988 define, no art. 1º, os princípios que devem guiar o Estado democrático de direito, entre os quais, no inciso III, está o princípio da dignidade da pessoa humana, intimamente relacionado com os processos inclusivos na sociedade. Portanto, o Estado tem o dever de desenvolver políticas públicas de caráter inclusivo a todas as pessoas com deficiência desde o nascimento. Sendo assim, as famílias de crianças com deficiência, transtornos globais do desenvolvimento e altas habilidades/superdotação têm direito ao acesso à informação, a orientações e a serviços nas áreas de educação, saúde e assistência, visando ao melhor desenvolvimento da criança, conforme suas necessidades.

Destacamos, ainda, o parágrafo único do art. 70 do ECA (Lei n. 8.069/1990), no qual se define que "as famílias com crianças e adolescentes com deficiência terão prioridade de atendimento nas ações e políticas públicas de prevenção e proteção" (Brasil, 1990). Portanto, está explícita no marco legal a responsabilidade do Poder Público na proteção e no acolhimento às famílias de crianças e adolescentes com deficiência, por meio da oferta de serviços especializados.

O contexto familiar é o ambiente em que a criança experimentará o sentimento de pertencimento, portanto, é nele, primeiramente, que acontecerá o processo de inclusão. Para dar conta dessa situação, é necessário que a família conheça as especificidades da deficiência ou dos transtornos globais do desenvolvimento ou das altas habilidades/superdotação, as respectivas limitações e as possibilidades, bem como receba orientações, quando necessário, sobre quais profissionais serão importantes para estimular o desenvolvimento da criança. A família precisa proporcionar ao filho com deficiência crescentes graus de autonomia, conforme suas possibilidades. É preciso que a família permita à criança sentir-se capaz no ambiente familiar para que esse sentimento seja generalizado para outros espaços sociais.

A família precisa, ainda, se fortalecer, buscando parcerias com outras famílias e instituições dedicadas à defesa dos direitos das pessoas com deficiência, transtornos globais do desenvolvimento e altas habilidades/superdotação, a fim de enfrentar o preconceito de uma sociedade que, muitas vezes, discrimina, marginaliza e não promove a inclusão adequada, incluindo as situações nas quais, apesar de alguns avanços, há precariedade de serviços em áreas como saúde, assistência e educação para as pessoas com deficiência TGD, altas habilidades/superdotação e suas famílias.

Estudos como os realizados por Buscaglia (1993) revelam que estamos ainda numa fase de aprendizado da convivência com a diversidade. Percebemos que as famílias de crianças com deficiência terão de lidar com diferentes fatores que exigirão perseverança e otimismo. Situações externas ou na própria família podem intimidar ou desanimar, mas os pais tendem a transpor e enfrentar os diferentes desafios, afinal "uma das sensações mais gostosas da vida é perceber que você não desiste daquilo que precisa ser cuidado. A relação afetiva, a relação de formação, a relação de carinho é, na essência uma relação de amorosidade" (Cortella, 2017, p. 138).

Buscaglia (1993, p. 128) chama a atenção para a postura dos pais em relação à criança com deficiência, transtornos globais do desenvolvimento e altas habilidades/superdotação, porque o autor considera que as atitudes destes "em relação à criança como pessoa terão grande influência sobre as atitudes pessoais desta. Seus sentimentos em relação à deficiência afetarão os sentimentos da criança a esse respeito [...]". O autor ressalta que a família será o terapeuta inicial e o que mais influenciará a criança.

Considerando que a criança com deficiência, transtornos globais do desenvolvimento e altas habilidades/superdotação tem igual direito de frequentar a escola para nela aprender, socializar e se desenvolver, é imprescindível que a família se sinta acolhida pela instituição para que possa dividir com os profissionais que nela trabalham suas angústias e expectativas, a fim de que, juntos, promovam um tempo rico de experiências significativas para a criança.

5.2 A importante relação família-escola

Para que alcancemos a qualidade e a equidade que tanto almejamos, é muito importante que todos os sujeitos da educação estejam atentos às políticas públicas e às ações da escola, a fim de garantir que sejam efetivas. Destacaremos, neste tópico do capítulo, a participação dos familiares e dos profissionais da escola, reconhecendo que a parceria estabelecida entre esses sujeitos é fundamental para o avanço no desenvolvimento das crianças e dos jovens que estão nas escolas de educação básica de nosso país e para melhorias na escola.

Qual o papel a ser desempenhado pela família?

É no contexto familiar, considerando suas diversas configurações, que a criança é cuidada e protegida, desenvolve e fortalece os primeiros laços afetivos, aprende a se comunicar com os outros, socializa-se, aprende valores, cultura, normas e limites e começa a desenvolver suas primeiras habilidades. A família é o primeiro grupo social com o qual a criança estabelece seus primeiros vínculos e interações, os quais serão generalizados para a convivência em outros espaços e grupos.

O art. 229 da CF estabelece que a educação e o cuidado dos filhos cabem aos pais, ao afirmar que "os pais têm o dever de assistir, criar e educar os filhos menores [...]" (Brasil, 1988). No art. 205, da seção que trata da educação, a Constituição determina ser dever também da família assegurar que as crianças tenham seu direito de educação garantido:

> Art. 205. A educação, direito de todos e dever do Estado e da família, será promovida e incentivada com a colaboração da sociedade, visando ao pleno desenvolvimento da pessoa, seu preparo para o exercício da cidadania e sua qualificação para o trabalho. (Brasil, 1988)

Ressaltamos ainda que o Estado é citado em primeiro lugar como o responsável por assegurar o direito à educação, cabendo à família a "obrigação de matricular o filho ou pupilo e acompanhar sua frequência e aproveitamento escolar" (Brasil, 1990), como estabelece o art. 129, inciso V, do ECA.

Quando nos referimos à educação escolar, a família tem papel fundamental porque a ela caberá o acompanhamento do processo de escolarização, estabelecendo, portanto, um vínculo importante com a escola que, certamente, favorecerá o desenvolvimento da criança e a qualidade do ensino.

O art. 4º da Lei de Diretrizes e Bases da Educação Nacional (LDB) – Lei n. 9.394, de 20 de dezembro de 1996 (Brasil, 1996) –[1] esclarece que a obrigação do Estado com relação à educação gratuita abrange o período dos 4 aos 17 anos de idade do estudante, enquanto no art. 6º determina que é obrigação dos pais ou responsáveis matricular as crianças na educação básica a partir dos quatro anos de idade.

O art. 22 do ECA também afirma a responsabilidade dos pais em sustentar, proteger e educar os filhos, ressaltando que:

> Parágrafo único. A mãe e o pai, ou os responsáveis, têm direitos iguais e deveres e responsabilidades compartilhados no cuidado e na educação da criança, devendo ser resguardado o direito de transmissão familiar de suas crenças e culturas, assegurados os direitos da criança estabelecidos nesta Lei. (Incluído pela Lei nº 13.257, de 2016). (Brasil, 1990)

E qual é a principal função da escola?

---

[1] Alterado pela Lei n. 12.796, de 4 de abril de 2013 (Brasil, 2013a).

Como esclarecem Oliveira e Marinho-Araújo (2010, p. 101), a escola é uma instituição que tem como responsabilidade "a socialização do saber sistematizado, ou seja, do conhecimento elaborado e da cultura erudita". Na escola, portanto, a criança terá acesso ao conhecimento científico e à cultura de forma organizada. Nesse sentido, família e escola precisam estabelecer constante diálogo, a fim de compartilhar a educação das crianças, conforme as respectivas funções.

5.2.1 Parceria entre família e escola

Família e escola também têm a responsabilidade de possibilitar às crianças e aos jovens o desenvolvimento de competências necessárias à vida pessoal, coletiva e profissional. Tanto a família quanto a escola almejam a formação de cidadãos críticos e autônomos, que tenham voz e espaço na sociedade em que estão inseridos, consequentemente, suas ações precisam colaborar para o desenvolvimento desses cidadãos.

Oliveira e Marinho-Araújo (2010, p. 101) contribuem para o entendimento sobre as especificidades entre os papéis da escola e da família ao afirmarem que:

> A divergência entre escola e família está na tarefa de ensinar, sendo que a primeira tem a função de favorecer a aprendizagem dos conhecimentos construídos socialmente em determinado momento histórico, de ampliar as possibilidades de convivência social e, ainda, de legitimar uma ordem social, enquanto a segunda tem a tarefa de promover a socialização das crianças, incluindo o aprendizado de padrões comportamentais, atitudes e valores aceitos pela sociedade.

As incertezas em relação aos papéis desempenhados por essas instituições provocam, muitas vezes, o distanciamento ou até um mal-estar entre as partes. Escolas que consideram que os pais são efetivos apenas para "cobrar" o baixo desempenho dos filhos não entendem que a relação deve ocorrer para além do desempenho escolar. Essa situação se revela quando os pais percebem que só comparecem à escola para receber apreciação negativa sobre os seus filhos, ou seja, o convite à presença dos pais na escola se limita a momentos em que se revelam problemas, mas não se discutem formas de solucioná-los e não há diálogo em relação aos processos de melhoria que devem ocorrer no interior da escola e à qualidade do ensino. A participação, em alguns casos, limita-se a cobranças de alguma das partes. Cabe, portanto, à escola propiciar a participação da família em diferentes momentos do processo educativo, pois, conforme Zanella et al. (2008, p. 132):

> À primeira vista, incrementar a participação dos pais significa visualizar a escola como um espaço democrático em que as pessoas podem exercer a sua cidadania. O conceito de cidadania tal como o entendemos refere-se a como as pessoas se constituem enquanto sujeitos ativos de sua própria história e da sociedade.

Existem várias formas de fortalecer o vínculo entre família e escola, como envolver a família: em palestras, atividades de formação para pais, momentos festivos, atividades culturais e esportivas; em momentos de compartilhamento de experiências e saberes, bem como nos conselhos escolares, nas reuniões pedagógicas ou em conversas individuais com professores e pedagogo(a); nas discussões acerca da construção do projeto político pedagógico (PPP) da escola; na associação de pais e mestres, entre outras. Em outras palavras, fomentar a participação da família na vida escolar do(a) filho(a) e nas decisões da escola é torná-los cidadãos participativos.

Quando a escola está próxima dos pais, existe o envolvimento efetivo com a comunidade porque tem-se "maior percepção a respeito das dificuldades e potencialidades do contexto em que está inserida" (Grochoska, 2011, p. 38).

De acordo com a LDB, escola e família precisam estar articuladas:

> Art. 12. Os estabelecimentos de ensino, respeitadas as normas comuns e as do seu sistema de ensino, terão a incumbência de:
>
> [...]
>
> VI – articular-se com as famílias e a comunidade, criando processos de integração da sociedade com a escola;
>
> VII – informar pai e mãe, conviventes ou não com seus filhos, e, se for o caso, os responsáveis legais, sobre a frequência e rendimento dos alunos, bem como sobre a execução da proposta pedagógica da escola; (Redação dada pela Lei nº 12.013, de 2009). (Brasil, 1996)

Nesse sentido, a tríade família-criança-escola é fundamental. Ao nos referirmos à escola, salientamos a importância do contato direto dos pais/responsáveis com os professores, visto que estes trabalham diretamente com as crianças e podem ajudar aqueles a compreender o que ocorre na escola em relação à prática pedagógica. O diálogo com os professores permite reconhecer como a criança está se desenvolvendo, inclusive, identificando os avanços e as dificuldades que surgem durante o processo de aprendizagem dos conteúdos escolares e na interação com os colegas e professores, além de habilidades, atitudes e valores que o aluno demonstra no espaço escolar. A contribuição da família também é fundamental, pois pode auxiliar a escola a conhecer melhor a criança, inclusive no que diz respeito às suas necessidades e potencialidades e ao contexto em que ela vive.

Em relação à criança, destacamos que a percepção de que os familiares participam ativamente da escola faz com que elas se sintam valorizadas em suas conquistas, confortadas em suas dificuldades e também compreendam a importância da escola em sua vida, visto que seus familiares demonstram, em suas atitudes de aproximação e participação, reconhecer essa importância.

Ana Paula Maturana e Fabiana Cia (2015, p. 350) defendem que "o envolvimento e desempenho acadêmico do aluno, sua adesão às normas e rotinas da escola são atribuídas, em parte, à participação ou ausência da família em reuniões de pais e atividades escolares". Família e escola, portanto, precisam estar unidas para a promoção da aprendizagem e para a superação das dificuldades que podem ser encontradas pela criança.

Sabemos que essa relação próxima entre família e escola nem sempre ocorre, como constatamos empiricamente em nossa prática pedagógica. Como listamos a seguir, os fatores que podem ocasionar o afastamento e a falta de participação das famílias são muitos, alguns, inclusive, centrados em crenças que precisam ser superadas, com auxílio da escola:

1. Os familiares consideram que a escola é a única responsável pelo sucesso ou pelo fracasso da criança no processo de ensino e aprendizagem.
2. A falta de tempo devido aos compromissos de trabalho ou familiares impedem a família de comparecer à escola.
3. Algumas famílias acreditam não ter condições de auxiliar as crianças por desconhecerem os conteúdos trabalhados, isto é, falta o entendimento de que o mais importante é acompanhar e orientar.
4. Alguns consideram as reuniões promovidas repetitivas e sem sentido, o que exige reflexão e mudança por parte da escola.
5. Há familiares que se sentem envergonhados diante do fracasso da criança e incapazes de mudar a situação, cabendo à escola acolhê-los e orientá-los.
6. Algumas famílias desconhecem a importância de sua participação para o desenvolvimento do estudante para melhorias na escola, o que exige também da escola um processo formativo direcionado às famílias.
7. O desconhecimento sobre seu papel nos processos escolares, o que indica a necessidade de maior circulação de informações na escola sobre esses processos.

Diante dessas premissas enfatizamos a importância de orientar os familiares em relação à necessidade de uma participação efetiva na escola, conscientizando-os sobre a influência positiva que a cooperação de todos causará no desenvolvimento das crianças e na organização escolar. Como explica Grochoska (2011, p. 37), "a integração escola e família é determinante para o processo da escola e interfere nas grandes decisões de caráter pedagógico, financeiro e administrativo".

Assim, a escola precisa envolver os pais para que eles conheçam como ela se organiza pedagogicamente, considerando as metodologias utilizadas, os recursos disponíveis na escola (materiais e humanos), as formas de avaliação a que as crianças são submetidas, o currículo, a concepção de educação, a forma de utilizar as verbas destinadas à escola e como a gestão escolar se organiza e atua. O diálogo entre família e escola precisa ser construído e fortalecido continuamente em prol de uma educação de qualidade.

Diante de diferentes configurações familiares que identificamos na atualidade, baseadas, principalmente, na afetividade, é fundamental também que a escola acolha e respeite todos os modelos de família. Ressaltamos que a maneira como professores e demais funcionários se dirigem aos familiares reflete diretamente na participação da família e na relação que se estabelece com a escola.

5.2.2 Escola, criança e família: uma união fundamental

Para garantirmos que as crianças com deficiência, transtornos globais do desenvolvimento e altas habilidades/superdotação sejam atendidas em suas necessidades e desenvolvam suas potencialidades, é fundamental que os profissionais da escola e os familiares estejam em sintonia e muito envolvidos com o processo educativo, como já manifestamos na seção anterior.

Salientamos que, conforme a deficiência, há necessidade de adaptações específicas, que precisam, muitas vezes, ser garantidas pela escola. Portanto, na escola, como já comentamos em outras passagens deste livro, podem ser "necessárias mudanças estruturais que envolvem a remoção de barreiras físicas e materiais e a organização de suportes humanos e instrumentais, para que todos possam ter a participação social em igualdade de oportunidades e condições" (Fernandes, 2007, p. 37).

O PPP precisa expressar uma proposta concreta para uma escola inclusiva, revelando qual educação se pretende alcançar, quais metodologias e encaminhamentos serão desenvolvidos, como será o sistema de avaliação, considerando a diversidade, pois,

> para se pensar uma educação que tem como pressuposto a valorização da diversidade e da individualidade de cada sujeito cognoscente há que se pensar urgentemente em mudanças na organização pedagógica das escolas/instituições de ensino, uma maior integração entre as áreas do conhecimento, reestruturação metodológica e das propostas de ensino, uma avaliação da aprendizagem fundamentada em objetivos claros e concretos a partir das conquistas pessoais de cada aluno e garantia de atendimento educacional especializado, dentre uma série de outros princípios éticos, estéticos e intelectuais – que serão retomados mais adiante, e que nada mais são do que a garantia de um direito constante na legislação brasileira em todas as suas esferas administrativas – federal, estadual e municipal. (Drago et al., 2010, p. 136-137)

Também, como já apontamos, o professor precisa de conhecimentos que garantam sua ação pedagógica no sentido de privilegiar o desenvolvimento da criança que recebe em sua sala de aula. Cabe ao professor rever sua prática pedagógica continuamente, atualizando estudos que possam atender novas demandas, e à equipe diretiva, oferecer apoio pedagógico e se envolver em diálogos com os demais professores que atendem à criança, a fim de estabelecer trocas de experiências que garantam um maior entendimento sobre as necessidades desta e para que possam superar os desafios que surgirem no atendimento a criança com deficiência, transtornos globais do desenvolvimento e altas habilidades/superdotação.

> Para que verdadeiramente se estabeleça uma educação de qualidade para todos é fundamental a participação ativa do professor. O êxito de sua atividade é determinado pelas suas condições de trabalho, formação, competência pedagógica, habilidades e avaliações periódicas das estratégias metodológicas utilizadas. Todos esses elementos devem ser levados em consideração para o sucesso da inclusão. (Facion, 2008, p. 147)

Os familiares também necessitam de atenção, pois, ao se dirigirem à escola com seu filho, nutrem expectativas de momentos de aprendizagens significativas que, ao mesmo tempo, se confundem com o sentimento de insegurança que experimentam ao deixar o filho com pessoas, até então, desconhecidas. Não cabe aos profissionais da escola "julgar os pais, mas ajudá-los, entendê-los e respeitá-los" (Facion, 2008, p. 206).

No tópico anterior deste capítulo, abordamos algumas formas de participação dos pais no espaço escolar que devem ser contempladas na escola, mas é importante destacarmos que as escolas podem promover outros momentos de encontros com os pais e toda a comunidade escolar, para intensificar cada vez mais o diálogo e a cooperação em prol de resultados mais eficazes em termos de aprendizagem significativa.

Quando caminhamos juntos, com os mesmos objetivos, dividindo as mesmas preocupações, o resultado certamente será o melhor para todos. Isso não significa que tudo acontecerá sempre da melhor forma, pois serão muitas as descobertas e os desafios a enfrentar.

Síntese

Abordamos, neste capítulo, como o conceito de "família" se desenvolveu ao longo do tempo e os diferentes arranjos familiares presentes na sociedade atual.

Vimos que a relação entre família e escola deve estar permeada pelo respeito e pela ajuda mútua e que a tríade família-escola-criança é essencial para que a criança desenvolva suas potencialidades e conquiste aprendizagens significativas, bem como para melhorias na escola. Promover momentos de integração com a família é uma das atribuições da escola. Essa integração pode ocorrer com a participação dos familiares em momentos festivos, em reuniões, em momentos de formação, entre outros possíveis.

Os desafios que a criança, os familiares e a escola irão enfrentar para que o processo de inclusão se efetive são muitos, por isso, quanto mais próximos estiverem, certamente maiores serão os avanços alcançados em prol de uma educação de qualidade.

Atividades de autoavaliação

1. De acordo com os significados atribuídos ao termo *família*, estudados neste capítulo, assinale a alternativa **incorreta**:
   a) Na Roma Antiga, o termo *famulus* se referia aos "escravos domésticos", que eram submissos a um patrão ou que serviam a alguém.

b) Na Idade Média, as crianças viviam, a partir de aproximadamente os sete anos, em casas de não familiares, portanto, a função afetiva da família não era percebida.
c) A Idade Moderna possibilitou o afastamento das crianças do convívio com os adultos, recorrente na Idade Média, por causa da preocupação em levá-las à escola.
d) Embora as transformações da Idade Contemporânea tenham possibilitado novas configurações de famílias, entre elas, as famílias monoparentais, o poder patriarcal ganhou cada vez mais forças na concepção de estrutura familiar.
e) O termo *família*, atualmente, está relacionado a diferentes modelos de famílias, e a escola deve atentar a esses modelos para que eles sejam respeitados, valorizados e contemplados durante as práticas pedagógicas.

2. Analise as afirmações a seguir e julgue-as verdadeiras (V) ou falsas (F).
   ( ) O Código Civil de 1916 descrevia que a família legítima era formada por meio do casamento civil e que ao marido compreendia o poder de chefe da família.
   ( ) A Constituição Federal de 1988 reconhece apenas dois modelos de entidades familiares: o casamento e a união estável.
   ( ) Desde o Código Civil de 1916 que as crianças adotadas passaram a usufruir dos mesmos direitos dos filhos biológicos.
   ( ) A Constituição Federal de 1988 reconhece que não há necessidade de a união estável ser oficializada por meio de um casamento formal.

( ) O Estatuto da Criança e do Adolescente (ECA) entende como família extensa aquela que se estende para além da unidade pais e filhos ou da unidade do casal, contemplando demais pessoas, independentemente da proximidade ou do vínculo de afinidade e de afetividade.

Assinale a alternativa que apresenta a sequência correta:

a) V, F, F, V, F.
b) F, V, F, V, V.
c) V, V, F, V, V.
d) V, V, V, V, F.
e) F, V, V, F, F.

3. Assinale a alternativa correta em relação às atribuições da família, à luz da legislação brasileira:
   a) O Estatuto da Criança e do Adolescente (ECA) afirma que a mãe é a principal responsável pelo cuidado e pela educação da criança.
   b) De acordo com a legislação brasileira, não é obrigação dos pais ou responsáveis matricularem as crianças na educação básica.
   c) A Constituição Federal de 1988 estabelece igualdade de direitos e deveres entre o homem e a mulher nas relações familiares.
   d) Conforme a LDB (Lei n. 9.394/1996), a educação básica é obrigatória para crianças a partir do ensino fundamental I, nível que compreende crianças de 7 a 11 anos de idade.
   e) Apesar de a família ser considerada importante para a educação dos filhos, é apenas na escola que eles irão se desenvolver e aprender.

4. Assinale a alternativa **incorreta** a respeito da relação entre os familiares de uma criança com deficiência e a escola:
   a) A participação efetiva da família na escola é fundamental para que os estudantes se desenvolvam e aprendam de forma significativa.
   b) O acompanhamento do processo de escolarização não cabe à família, visto que são os professores que estão preparados para orientar e acompanhar os estudantes.
   c) Cabe à escola organizar momentos de participação da família no processo educativo.
   d) Atividades de formação aos pais e momentos festivos são algumas oportunidades de aproximação entre família e escola.
   e) O vínculo da família com a escola é importante para melhorias na escola e qualidade do ensino.

5. Sabemos que a união entre família, escola e criança com deficiência é muito importante para o processo educativo. Sobre isso, analise as afirmações a seguir e julgue-as verdadeiras (V) ou falsas (F).
   ( ) A chegada da criança na escola exige transformações no espaço físico, e a escola precisa garantir que essas transformações aconteçam.
   ( ) A parceria entre família e escola precisa ser constante: quanto mais próximos, mais avanços serão alcançados para uma educação de qualidade.
   ( ) O professor precisa rever constantemente sua prática pedagógica a fim de atender às necessidades de seus estudantes.

( ) A escola precisa promover encontros com os familiares para intensificar cada vez mais o diálogo em prol de resultados mais eficientes.

( ) A presença dos pais na escola inibe o trabalho do professor, portanto, deve ser evitada.

Agora, assinale a alternativa que apresenta a sequência correta:

a) V, F, F, V, F.
b) F, V, F, V, V.
c) V, V, F, V, V.
d) V, V, V, V, F.
e) F, V, V, F, F.

Atividades de aprendizagem

Questões para reflexão

1. Na sociedade atual, encontramos diferentes configurações familiares. A pluralidade de formas de união e de formação de família nos convidam a refletir sobre o conceito de família. Qual sua concepção de família? Você convive com pessoas pertencentes a diferentes arranjos familiares? Qual sua atitude ante a possibilidade de encontrar diversos arranjos familiares em escolas onde trabalha ou irá trabalhar?

2. A família da criança com deficiência, transtornos globais do desenvolvimento e altas habilidades/superdotação precisa se sentir acolhida pela escola, pois essa é uma das

condições para que ela revele suas angústias e expectativas, que servirão para que se estabeleça uma parceria entre escola e familiares e colaborar com o desenvolvimento das potencialidades da criança. De que forma, como professor (a) de AEE, você poderia contribuir para que essa parceria ocorresse?

Atividade aplicada: prática

1. Entreviste a família de uma criança ou jovem com deficiência, transtorno global do desenvolvimento (TGD) ou altas habilidades/superdotação matriculado na escola regular. Identifique como ocorre a participação dessa família na escola e de que forma essa participação contribui para a inclusão da criança no ambiente escolar.

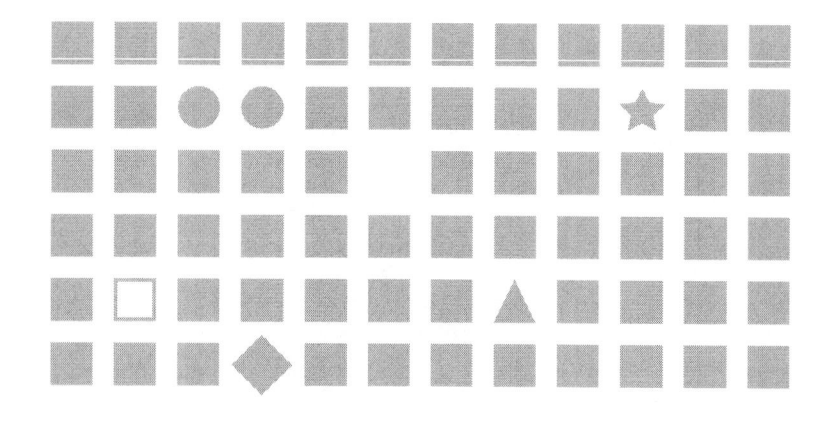

Capítulo 6
Acessibilidade e qualidade de ensino

Mônica Caetano Vieira

O que você entende por acessibilidade?

Falar de *acessibilidade* é falar de oportunidades de inclusão. A acessibilidade abrange muitos aspectos, envolve questões arquitetônicas, de comunicação, de transporte e também da educação, caso em que diz respeito a mudanças no currículo, nas metodologias aplicadas em sala de aula, no processo de avaliação, dentre outros.

Nesse sentido, neste capítulo abordaremos os aspectos mais importantes com relação à acessibilidade na educação.

6.1 Acessibilidade na legislação brasileira

Na legislação brasileira, a acessibilidade inicialmente foi abordada na Emenda Constitucional n. 12, de 17 de outubro de 1978, em seu art. único, garantindo acesso de pessoas com deficiência a espaços públicos. Diz a lei:

> Artigo único. É assegurado aos deficientes a melhoria de sua condição social e econômica especialmente mediante:
>
> I – educação especial e gratuita;
>
> II – assistência, reabilitação e reinserção na vida econômica e social do País;
>
> III – proibição de discriminação, inclusive quanto à admissão ao trabalho ou ao serviço público e a salários;
>
> IV – possibilidade de acesso a edifícios e logradouros públicos. (Brasil, 1978)

A Constituição Federal (CF) de 1988 (Brasil, 1988) trata, no art. 5º, do direito de ir e vir da pessoa com deficiência e traz avanços em relação à acessibilidade nos arts. 227 e 244:

> Art. 227. É dever da família, da sociedade e do Estado assegurar à criança e ao adolescente, com absoluta prioridade, o direito à vida, à saúde, à alimentação, à educação, ao lazer, à profissionalização, à cultura, à dignidade, ao respeito, à liberdade e à convivência familiar e comunitária, além de colocá-los a salvo de toda forma de negligência, discriminação, exploração, violência, crueldade e opressão.
>
> §1º O Estado promoverá programas de assistência integral à saúde da criança e do adolescente, admitida a participação de entidades não governamentais e obedecendo os seguintes preceitos:
>
> [...]
>
> II – criação de programas de prevenção e atendimento especializado para os portadores de deficiência física, sensorial ou mental, bem como de integração social do adolescente e do jovem portador de deficiência, mediante o treinamento para o trabalho e a convivência, e a facilitação do acesso aos bens e serviços coletivos, com a eliminação de obstáculos arquitetônicos e de todas as formas de discriminação.
>
> §2º A lei disporá sobre normas de construção de logradouros e edifícios de uso público e de fabricação de veículos de transporte coletivo, a fim de garantir o acesso adequado às pessoas portadoras de deficiência.
>
> [...]

Art. 244. A lei disporá sobre a adaptação dos logradouros, dos edifícios de uso público e dos veículos de transporte coletivo atualmente existentes a fim de garantir acesso adequado às pessoas portadoras de deficiência, conforme o disposto no art. 227, 2°. (Brasil, 1988)

A partir da CF/1988, o tema acessibilidade foi tratado em outros documentos oficiais, demonstrando a preocupação em garantir às pessoas com deficiência o alcance aos diferentes recursos de acessibilidade. Alguns dos documentos oficiais que tratam da acessibilidade são: Lei n. 10.048, de 8 de novembro de 2000, que no art. 5° assegura que os veículos e transportes coletivos devem ser adaptados para acesso de pessoas com deficiência (Brasil, 2000a); Lei n. 10.098, de 19 de dezembro de 2000, que estabelece normas gerais e critérios básicos para promoção da acessibilidade (Brasil, 2000b); Lei n. 12.527, de 18 de novembro de 2011, que garante a acessibilidade de pessoas com deficiência às informações públicas (Brasil, 2011b); e Decreto n. 6.949, de 25 de agosto de 2009, que promulga a Convenção Internacional sobre os Direitos das Pessoas com Deficiência, adotada pela Organização das Nações Unidas (ONU) em 13 de dezembro de 2006.

No art. 9, a Convenção reconhece a acessibilidade como uma forma de propiciar autonomia e uma maior participação das pessoas com deficiência nos diferentes aspectos de sua vida:

> 1. A fim de possibilitar às pessoas com deficiência viver de forma independente e participar plenamente de todos os aspectos da vida, os Estados Partes tomarão as medidas apropriadas para assegurar às pessoas com deficiência o acesso, em igualdade de oportunidades com as demais pessoas, ao

meio físico, ao transporte, à informação e comunicação, inclusive aos sistemas e tecnologias da informação e comunicação, bem como a outros serviços e instalações abertos ao público ou de uso público, tanto na zona urbana como na rural. Essas medidas, que incluirão a identificação e a eliminação de obstáculos e barreiras à acessibilidade, serão aplicadas, entre outros, a:

a) Edifícios, rodovias, meios de transporte e outras instalações internas e externas, inclusive escolas, residências, instalações médicas e locais de trabalho;

b) Informações, comunicações e outros serviços, inclusive serviços eletrônicos e serviços de emergência.

2. Os Estados Partes também tomarão medidas apropriadas para:

a) Desenvolver, promulgar e monitorar a implementação de normas e diretrizes mínimas para a acessibilidade das instalações e dos serviços abertos ao público ou de uso público;

b) Assegurar que as entidades privadas que oferecem instalações e serviços abertos ao público ou de uso público levem em consideração todos os aspectos relativos à acessibilidade para pessoas com deficiência;

c) Proporcionar, a todos os atores envolvidos, formação em relação às questões de acessibilidade com as quais as pessoas com deficiência se confrontam;

d) Dotar os edifícios e outras instalações abertas ao público ou de uso público de sinalização em braille e em formatos de fácil leitura e compreensão;

e) Oferecer formas de assistência humana ou animal e serviços de mediadores, incluindo guias, ledores e intérpretes profissionais da língua de sinais, para facilitar o acesso aos edifícios e outras instalações abertas ao público ou de uso público;

f) Promover outras formas apropriadas de assistência e apoio a pessoas com deficiência, a fim de assegurar a essas pessoas o acesso a informações;

g) Promover o acesso de pessoas com deficiência a novos sistemas e tecnologias da informação e comunicação, inclusive à Internet;

h) Promover, desde a fase inicial, a concepção, o desenvolvimento, a produção e a disseminação de sistemas e tecnologias de informação e comunicação, a fim de que esses sistemas e tecnologias se tornem acessíveis a custo mínimo. (Brasil, 2007d, p. 21-22)

Em 2001, foi aprovado o Plano Nacional de Educação (PNE) – Lei n. 10.172/2001, que estabelecia 28 metas para a educação especial, contempladas no Capítulo 8 da lei, que apresentava ainda um panorama e diretrizes para essa modalidade de ensino no país. Destacamos que os conceitos de integração e inclusão permeavam o texto revelando o percurso no qual coexistem os processos de integração e inclusão, que vivenciamos até os dias atuais.

Em relação ao PNE vigente, instituído pela Lei n. 13.005, de 25 de junho de 2014 (Brasil, 2014a), destacamos o compromisso em assegurar um sistema educacional inclusivo em todos os níveis, etapas e modalidades. Dessa forma, a educação especial e inclusiva está contemplada nas estratégias referentes a todos os níveis, etapas e modalidades de ensino, perpassando todo o texto. Na Meta 4, o PNE 2014, estabelece:

> Meta 4: universalizar, para a população de 4 (quatro) a 17 (dezessete) anos com deficiência, transtornos globais do desenvolvimento e altas habilidades ou superdotação, o acesso à educação básica e ao atendimento educacional especializado, preferencialmente na rede regular de ensino, com a garantia de sistema educacional inclusivo, de salas de recursos multifuncionais, classes, escolas ou serviços especializados, públicos ou conveniados. (Brasil, 2014b, p. 11)

Para alcançar essa meta no período de 2014 a 2024, foram estabelecidas algumas estratégias. Entre essas estratégias, destacamos as que tratam da acessibilidade, tema deste capítulo. São elas:

> 4.6) manter e ampliar programas suplementares que promovam a acessibilidade nas instituições públicas, para garantir o acesso e a permanência dos (as) alunos (as) com deficiência por meio da adequação arquitetônica, da oferta de transporte acessível e da disponibilização de material didático próprio e de recursos de tecnologia assistiva, assegurando, ainda, no contexto escolar, em todas as etapas, níveis e modalidades de ensino, a identificação dos (as) alunos (as) com altas habilidades ou superdotação;

[...]

4.10) fomentar pesquisas voltadas para o desenvolvimento de metodologias, materiais didáticos, equipamentos e recursos de tecnologia assistiva, com vistas à promoção do ensino e da aprendizagem, bem como das condições de acessibilidade dos (as) estudantes com deficiência, transtornos globais do desenvolvimento e altas habilidades ou superdotação;

[...]

4.18) promover parcerias com instituições comunitárias, confessionais ou filantrópicas sem fins lucrativos, conveniadas com o poder público, visando a ampliar a oferta de formação continuada e a produção de material didático acessível, assim como os serviços de acessibilidade necessários ao pleno acesso, participação e aprendizagem dos estudantes com deficiência, transtornos globais do desenvolvimento e altas habilidades ou superdotação matriculados na rede pública de ensino; [...] (Brasil, 2014a)

Essas estratégias reforçam a importância da acessibilidade para que os estudantes com deficiência, transtornos globais do desenvolvimento e altas habilidades/superdotação possam acessar e permanecer na escola, a fim de participar do processo de aprendizagem, portanto, é necessário que sejam efetivadas. Ademais, muito ainda precisa ser discutido em relação à inclusão escolar.

É necessário que a sociedade se posicione, provoque debates, inclusive em relação a algumas situações que, especialmente a partir de 2020, têm gerado polêmicas, como a determinação de que os estudantes com deficiência possam frequentar as escolas especiais, sem a obrigatoriedade de sua permanência na escola regular. Analisar, discutir e buscar soluções para essa e outras questões é o movimento necessário para garantirmos que o melhor seja feito para atender os direitos das crianças e dos jovens com deficiência, transtornos globais do desenvolvimento e altas habilidades/superdotação.

Além disso, numa visão democrática, devemos considerar o lema "nada sobre nós, sem nós", em referência à participação efetiva das pessoas com deficiência nas discussões e decisões políticas que impactarão suas vidas. Segundo Sassaki (2007), esse lema foi empregado pela primeira vez no ano de 1986, pela organização não governamental (ONG) Pessoas com deficiência da África do Sul (*Disabled People South Africa* – DPSA) e retomado atualmente.

A Lei Brasileira de Inclusão da Pessoa com Deficiência – Lei n. 13.146, de 6 de julho de 2015 (Brasil, 2015a) – representa um grande avanço, pois assegura os direitos e as liberdades fundamentais das pessoas com deficiência, objetivando sua inclusão social e cidadania. O art. 53 dessa lei define que acessibilidade "é direito que garante à pessoa com deficiência ou com mobilidade reduzida viver de forma independente e exercer seus direitos de cidadania e de participação social" (Brasil, 2015a).

A lei ainda determina, no art. 3°, que:

Art. 3° Para fins de aplicação desta Lei, consideram-se:

I – acessibilidade: possibilidade e condição de alcance para utilização, com segurança e autonomia, de espaços, mobiliários, equipamentos urbanos, edificações, transportes, informação e comunicação, inclusive seus sistemas e tecnologias, bem como de outros serviços e instalações abertos ao público, de uso público ou privados de uso coletivo, tanto na zona urbana como na rural, por pessoa com deficiência ou com mobilidade reduzida; [...]. (Brasil, 2015a)

A Lei Brasileira de Inclusão da Pessoa com Deficiência apresenta classificações acerca das barreiras que impedem ou dificultam o direito à acessibilidade da pessoa com deficiência: urbanísticas, arquitetônicas, nos transportes, nas comunicações e na informação, atitudinais e tecnológicas. Para melhor compreensão, é importante conhecer o que a lei expressa a respeito:

Art. 3º [...]

IV – [...]

a) barreiras urbanísticas: as existentes nas vias e nos espaços públicos e privados abertos ao público ou de uso coletivo;

b) barreiras arquitetônicas: as existentes nos edifícios públicos e privados;

c) barreiras nos transportes: as existentes nos sistemas e meios de transportes;

d) barreiras nas comunicações e na informação: qualquer entrave, obstáculo, atitude ou comportamento que dificulte ou impossibilite a expressão ou o recebimento de mensagens e de informações por intermédio de sistemas de comunicação e de tecnologia da informação;

e) barreiras atitudinais: atitudes ou comportamentos que impeçam ou prejudiquem a participação social da pessoa com deficiência em igualdade de condições e oportunidades com as demais pessoas;

f) barreiras tecnológicas: as que dificultam ou impedem o acesso da pessoa com deficiência às tecnologias; [...]. (Brasil, 2015a)

No capítulo que trata do direito à educação, a acessibilidade está contemplada nos arts. 28 e 30:

Art. 28. Incumbe ao poder público assegurar, criar, desenvolver, implementar, incentivar, acompanhar e avaliar:

[...]

II – aprimoramento dos sistemas educacionais, visando a garantir condições de acesso, permanência, participação e aprendizagem, por meio da oferta de serviços e de recursos de acessibilidade que eliminem as barreiras e promovam a inclusão plena;

[...]

VII – planejamento de estudo de caso, de elaboração de plano de atendimento educacional especializado, de organização de recursos e serviços de acessibilidade e de disponibilização e usabilidade pedagógica de recursos de tecnologia assistiva;

[...]

XVI – acessibilidade para todos os estudantes, trabalhadores da educação e demais integrantes da comunidade escolar às edificações, aos ambientes e às atividades concernentes a todas as modalidades, etapas e níveis de ensino;

[...]

Art. 30. Nos processos seletivos para ingresso e permanência nos cursos oferecidos pelas instituições de ensino superior e de educação profissional e tecnológica, públicas e privadas, devem ser adotadas as seguintes medidas:

[...]

II – disponibilização de formulário de inscrição de exames com campos específicos para que o candidato com deficiência informe os recursos de acessibilidade e de tecnologia assistiva necessários para sua participação;

III – disponibilização de provas em formatos acessíveis para atendimento às necessidades específicas do candidato com deficiência;

IV – disponibilização de recursos de acessibilidade e de tecnologia assistiva adequados, previamente solicitados e escolhidos pelo candidato com deficiência; [...]. (Brasil, 2015a)

Há outros artigos na Lei Brasileira de Inclusão da Pessoa com Deficiência que fazem referência à acessibilidade. São eles:

- Art. 8º, que determina ser dever do Estado, da sociedade e da família garantir acessibilidade à pessoa com deficiência.
- Art. 16, que garante acessibilidade em todos os ambientes e serviços prestados nos programas de habilitação e de reabilitação.
- Arts. 32 e 33, em que são tratados os direitos à moradia.
- Art. 34, parágrafo 5º, que garante acessibilidade nos cursos de formação e de capacitação de trabalhadores com deficiência.

- Arts. 37 e 38, que dizem respeito à inclusão da pessoa com deficiência no trabalho.
- Arts. 42 a 45, do Capítulo que faz menção ao direito da pessoa com deficiência à cultura, ao esporte, ao turismo e ao lazer.

O Título II da lei trata, especificamente, dos direitos fundamentais da pessoa com deficiência, dos Capítulos I a X, em seus respectivos arts. 10 a 52º. O Título III trata da acessibilidade e do acesso à informação e à comunicação, à tecnologia assistiva (TA), englobando os arts. 53 a 78.

A partir do Livro II, são feitas considerações sobre acessibilidade nos arts. 79, 83, 93, 95, 96, 97, 98, 103, 104, 109, 112, 113, 118. Essas constatações nos fazem compreender que a acessibilidade está diretamente relacionada a inúmeras situações com que a pessoa com deficiência convive diariamente, portanto, é fundamental que se conheçam e se efetivem as normas que garantam acessibilidade

A Associação Brasileira de Normas Técnicas (ABNT) publicou, em 2020, a NBR 9050:2020, que trata de alterações das normas de acessibilidade a edificações, mobiliário, espaços e equipamentos urbanos. Essas alterações foram propostas e analisadas nos anos seguintes a 2015 – ano em que foi feita a última revisão da NBR 9050. Entre as mudanças apontadas no documento, temos, por exemplo, alterações no símbolo internacional de acesso (SIA), que adota, agora, apenas um modelo: os corrimões, que estão alinhados aos padrões internacionais, e novas medidas para portas e para o espaço de circulação da cadeira de rodas. A NBR 9050:2020 precisa ser conhecida e seguida para que a acessibilidade se torne realidade em nosso país e favoreça todos que dela necessitam[1].

---

[1] Para se aprofundar nesses temas, sugerimos a leitura da Lei n. 13.146/2015 (Brasil, 2015a) e da NBR 9050: 2020 (ABNT, 2015).

6.2 Acessibilidade na educação

Para a efetiva inclusão do estudante com deficiência, transtornos globais do desenvolvimento e altas habilidades/superdotação na escola regular, entendemos que o primeiro passo seja garantir seu ingresso e, em seguida, sua permanência e a conclusão de seu processo de escolarização com sucesso. Para tanto, é fundamental que o estudante tenha acesso a diferentes tecnologias, recursos físicos e humanos que possibilitem sua participação ativa no processo de aprendizagem. É necessário proporcionar aos estudantes condições para que possam ter mais autonomia no espaço da escola. Dessa forma, ao empregar o termo *acessibilidade*, estamos nos referindo à materialização dos "princípios de inclusão educacional que implicam em assegurar não só o acesso, mas as condições plenas de participação e aprendizagem a todos os estudantes" (Brasil, 2013b, p. 4).

Para auxiliar as escolas no que diz respeito à acessibilidade, o Ministério da Educação (MEC), entre os anos de 2003 e 2006, colaborou com projetos que visavam promover acessibilidade arquitetônica, aprovados na época pela Secretaria de Educação Especial. Em 2007, o MEC criou o Programa Escola Acessível, no campo do Plano de Desenvolvimento da Educação – PDE, por meio do Decreto n. 6.094/2007, e, em 2008, esse programa passou a fazer parte do Programa de Desenvolvimento da Escola. O Programa Escola Acessível visa proporcionar acessibilidade nas escolas públicas de ensino regular.

> O Programa disponibiliza recursos, por meio do Programa Dinheiro Direto na Escola – PDDE, às escolas contempladas pelo Programa Implantação de Salas de Recursos

Multifuncionais. No âmbito deste programa são financiáveis as seguintes ações:

- Adequação arquitetônica: rampas, sanitários, vias de acesso, instalação de corrimão e de sinalização visual, tátil e sonora;
- Aquisição de cadeiras de rodas, recursos de tecnologia assistiva, bebedouros e mobiliários acessíveis. (Brasil, 2022)

O governo federal também foi responsável pela implementação, em 2007, do Programa Benefício de Prestação Continuada na Escola, que tem como objetivo "garantir o acesso e a permanência na escola de crianças e adolescentes com deficiência de 0 a 18 anos, que recebem o Benefício de Prestação Continuada da Assistência Social" (Brasil, 2015b). Entre os seus objetivos está o de reconhecer quais são as barreiras que impossibilitam ou tornam mais difícil o acesso e a permanência dos estudantes com deficiência nas escolas (Brasil, 2015b).

O MEC e os Ministérios do Desenvolvimento Social e Combate à Fome, da Saúde e dos Direitos Humanos foram os responsáveis por coordenar esse projeto.

A Política Nacional de Educação Especial na Perspectiva da Educação Inclusiva tem como proposta garantir que os estudantes com deficiência, transtornos globais do desenvolvimento (TGD) e altas habilidades/superdotação sejam incluídos na escola e que a eles seja assegurada, entre muitos aspectos, "a acessibilidade urbanística, arquitetônica, nos mobiliários e equipamentos, nos transportes, na comunicação e informação" (Brasil, 2008b, p. 10).

A igualdade de acesso às oportunidades de educação deve ser garantida a todos os estudantes, portanto, a acessibilidade, em todas as suas dimensões, deve ser uma das prioridades nas pautas das reuniões dos órgãos colegiados existentes na escola. Para que a inclusão ocorra, deve existir acessibilidade, ou seja, precisam ser feitas as adequações necessárias para que estudantes com deficiência sejam acolhidos e atendidos em suas individualidades. A falta de acessibilidade na escola pode causar isolamento das crianças com deficiência, promovendo a exclusão.

Convém ressaltar que, quando nos referimos à acessibilidade na escola, estamos envolvendo diferentes aspectos, pois esse termo costuma ser associado apenas às alterações prediais, à estrutura física, sem considerar as adaptações curriculares, metodológicas, avaliativas, tão necessárias quanto fundamentais no processo de ensino e aprendizagem.

Para explicar esses diferentes aspectos, vamos nos basear em Sassaki (2002b), que propõe seis dimensões de acessibilidade: 1) atitudinal; 2) arquitetônica; 3) metodológica; 4) programática; 5) comunicacional; e 6) instrumental. Essa classificação reforça que não existem apenas as barreiras físicas e que todas precisam ser consideradas no ambiente educacional.

Para Sassaki (2009, p. 11, grifo do original), acessibilidade "é uma qualidade, uma facilidade que desejamos ver e ter em todos os contextos e aspectos da atividade humana. Se a acessibilidade for (ou tiver sido) projetada sob os princípios do **desenho universal**, ela beneficia todas as pessoas, tenham ou não qualquer tipo de deficiência".

Acessibilidade atitudinal

A *acessibilidade atitudinal*, como o próprio nome sugere, está ligada às atitudes das pessoas em relação à pessoa com deficiência, transtornos globais do desenvolvimento e altas habilidades/superdotação. As atitudes respeitosas e cuidadosas, livres de preconceitos, estereótipos e discriminações, são fundamentais para que as barreiras sociais deixem de existir. Na dúvida, perguntar a uma pessoa com deficiência se precisa de ajuda ou como podemos ajudá-la é sempre a melhor opção, visto que, ao tentar auxiliar, podemos cometer alguns equívocos e dificultar a inclusão.

Na escola, é fundamental reconhecer as formas de ajudar os estudantes, bem como tratar a todos com respeito e dignidade, além de promover momentos de sensibilização e conscientização acerca das deficiências.

Em relação à acessibilidade atitudinal, Sassaki (2009, p. 15) defende que "um ambiente escolar (e também familiar, comunitário etc.) que não seja preconceituoso melhora a autoestima dos alunos e isto contribui para que eles realmente aprendam em menos tempo e com mais alegria, mais motivação, mais cooperação, mais amizade e mais felicidade".

Acessibilidade arquitetônica

A acessibilidade arquitetônica diz respeito à eliminação das barreiras físicas presentes nos diferentes espaços, públicos e privados, dificultando a locomoção e a movimentação das pessoas com deficiência. As pessoas com deficiência precisam ter liberdade de ir e vir de forma segura e com a maior autonomia possível. São exemplos de barreiras físicas a falta de rampa, de banheiros adaptados, entre outras.

As barreiras arquitetônicas são os maiores empecilhos para as pessoas com necessidades educacionais especiais – deficiência física, que fazem uso de cadeira de rodas, bengalas ou muletas para se locomoverem. Não apenas dificultam, mas, muitas vezes, impedem completamente sua inserção na sociedade. Tais barreiras nem sempre são voluntárias, mas sem dúvida, são fruto do imenso descaso e da não obediência às leis vigentes. (Silva; Castro; Branco, 2006, p. 14)

É fundamental que a escola faça as adaptações essenciais para atender às necessidades dos estudantes, pois a acessibilidade arquitetônica, ou física, visa permitir que as pessoas com deficiência possam circular em todos os espaços da escola. As adaptações, porém, precisam seguir as normas gerais de acessibilidade.

Para Sassaki (2009, p. 12), são exemplos de acessibilidade arquitetônica na escola:

Guias rebaixadas na calçada defronte à entrada da escola, caminhos em superfície acessível por todo o espaço físico dentro da escola, portas largas em todas as salas e demais recintos, sanitários largos, torneiras acessíveis, boa iluminação, boa ventilação, correta localização de mobílias e equipamentos etc. Implantação de amplos corredores com faixas indicativas de alto contraste, elevadores, rampas no trajeto para o recinto da biblioteca e áreas de circulação dentro dos espaços internos desse recinto entre as prateleiras e estantes, as mesas e cadeiras e os equipamentos (máquinas que ampliam letras de livros, jornais e revistas, computadores etc.).

Acessibilidade metodológica

A acessibilidade metodológica é aquela que remove as barreiras pedagógicas a fim de que o estudante se aproprie da aprendizagem. Precisamos repensar a concepção de educação e considerar as especificidades de cada estudante no processo de ensino e aprendizagem, promovendo metodologias diferenciadas para um público heterogêneo.

Ao pensar em estudantes tão diferentes presentes nas salas de aula, o olhar cuidadoso do professor em relação às necessidades e potencialidades o ajudará na elaboração de um planejamento que contemple, além dos conteúdos previstos no currículo escolar, as capacidades e as habilidades que os estudantes apresentam, tornando-os singulares e valorizados. As metodologias aplicadas deverão potencializar a aprendizagem de cada estudante.

Acessibilidade programática

A acessibilidade programática está relacionada às leis e normas que têm como objetivo garantir os direitos e atender às necessidades das pessoas com deficiência, transtornos globais do desenvolvimento e altas habilidades/superdotação. A escola precisa conhecer a legislação que rege os direitos das pessoas com deficiência, transtornos globais do desenvolvimento e altas habilidades/superdotação para colocá-las em prática e também orientar seus estudantes e familiares.

No campo da educação, Sassaki (2009, p. 14) considera que, para alcançarmos a acessibilidade programática, é necessária a "revisão atenta de todos os programas, regulamentos, portarias e normas da escola, a fim de garantir a exclusão de barreiras invisíveis neles contidas que possam impedir ou dificultar a participação plena de todos os alunos, com ou sem deficiência, na vida escolar".

Acessibilidade comunicacional

A acessibilidade comunicacional diz respeito aos diferentes meios que viabilizem a comunicação das pessoas com deficiência, como a língua brasileira de sinais (Libras), os textos em braile, entre outros.

A instituição promove a acessibilidade comunicacional quando, por exemplo, disponibiliza um intérprete de Libras para um estudante surdo, bem como quando realiza audiodescrição de imagens e de filmes destinados aos estudantes cegos. Sassaki (2009, p. 12) exemplifica outros fatores para a garantia da acessibilidade comunicacional no campo da educação:

> Ensino de noções básicas da língua de sinais brasileira (Libras) para se comunicar com alunos surdos; ensino do braile e do sorobã para facilitar o aprendizado de alunos cegos; uso de letras em tamanho ampliado para facilitar a leitura para alunos com baixa visão; permissão para o uso de computadores de mesa e/ou notebooks para alunos com restrições motoras nas mãos; utilização de desenhos, fotos e figuras para facilitar a comunicação para alunos que tenham estilo visual de aprendizagem etc. (Sassaki, 2009, p. 12)

A Resolução n. 2, de 11 de setembro de 2001 (Brasil, 2001b), do Conselho Nacional de Educação (CNE), que institui as Diretrizes Nacionais para a Educação Especial na Educação Básica, no parágrafo 2º do art. 12, faz menção à acessibilidade de comunicação. Essa diretriz prevê que:

> § 2º Deve ser assegurada, no processo educativo de alunos que apresentam dificuldades de comunicação e sinalização diferenciadas dos demais educandos, a acessibilidade aos

conteúdos curriculares, mediante a utilização de linguagens e códigos aplicáveis, como o sistema Braille e a língua de sinais, sem prejuízo do aprendizado da língua portuguesa, facultando-lhes e às suas famílias a opção pela abordagem pedagógica que julgarem adequada, ouvidos os profissionais especializados em cada caso. (Brasil, 2001b, p. 4)

Acessibilidade instrumental

A acessibilidade instrumental diz respeito à utilização de ferramentas, utensílios e instrumentos que promovam a inclusão e a autonomia das pessoas com deficiência, transtornos globais do desenvolvimento e altas habilidades/superdotação nos ambientes familiar, escolar e profissional.

Para Sassaki (2009, p. 14), na escola, podemos considerar:

> Adaptação da forma como alguns alunos poderão usar o lápis, a caneta, a régua e todos os demais instrumentos de escrita, normalmente utilizados em sala de aula, na biblioteca, na secretaria administrativa, no serviço de reprografia, na lanchonete etc., na quadra de esportes etc. As bibliotecas deverão possuir livros em braile, produzidos pelas editoras de todo o Brasil. Dispositivos que facilitem anotar informações tiradas de livros e outros materiais, manejar gavetas e prateleiras, manejar computadores e acessórios etc.

Além dessas dimensões de acessibilidade propostas por Sassaki (2009), podemos incluir a acessibilidade nos transportes e a acessibilidade digital.

Acessibilidade nos transportes

A acessibilidade nos transportes inclui adaptação nos meios de transportes, nos terminais de ônibus e estações, bem como nos locais de acesso aos meios de transporte. No ambiente escolar, a acessibilidade aos meios de transporte destinados aos estudantes com deficiência é fundamental. Se a locomoção for feita por meio de carro particular, os locais de chegada e de saída devem ser adaptados; se o deslocamento for feito por ônibus ou van escolar, é necessária atenção para a acessibilidade do transporte, bem como aos locais de saída e de chegada e pessoal de apoio para receber e entregar o estudante.

Ressaltamos que os estacionamentos, dentro ou fora da escola, devem dispor de vagas específicas para quem transporta pessoas com deficiência. As calçadas ao redor da escola também devem ser adequadas às necessidades para circulação de pessoas com ou sem deficiência, a fim de não causarem nenhum dano a quem por ali circula. Para a locomoção de cadeirantes, devem existir rampas de acesso à calçada e à entrada da escola.

Acessibilidade digital

A acessibilidade digital diz respeito ao acesso a equipamentos e programas específicos para busca, produção e disseminação de informação; portanto, é fundamental que a escola tenha disponível tecnologias que promovam acessibilidade digital para seus estudantes. *Hardwares* e *softwares* são produtos que podem auxiliar e permitir acessibilidade. Como exemplos de tecnologias que promovem acessibilidade digital, temos a lupa eletrônica para TV (*hardware*), LentePro (*software*), impressoras em braile (*hardware*), entre outras.

Salientamos que as dimensões de acessibilidade precisam ser contempladas na escola para garantir o compromisso social de uma educação inclusiva e, embora as dimensões sejam classificadas em tipologias diversas, elas são complementares entre si.

Ressaltamos, também, que todos os agentes da comunidade escolar têm um papel importante para a construção de uma escola mais acessível e inclusiva, fundamentada no respeito à diversidade.

Sabemos que a tarefa não é fácil, pois muitas escolas carecem de estrutura adequada, de suporte financeiro e de profissionais capacitados para dar conta das adaptações necessárias, a fim de melhor atender seus estudantes com deficiência, transtornos globais do desenvolvimento e altas habilidades/superdotação.

A luta é árdua, por isso exige mobilização constante da sociedade organizada em prol dos direitos das pessoas com deficiência (e sempre com base no lema "Nada sobre nós, sem nós").

6.2.1 Tecnologia assistiva

Como verificamos no Capítulo 4, as tecnologias estão presentes em diferentes situações de nossa vida. A toda hora, fazemos uso de determinada tecnologia para despertar, cozinhar uma refeição, limpar a casa, estudar, realizar atividades de lazer, realizar atividades laborais, nos comunicar, realizar alguma transação bancária, ou seja, vivemos num mundo repleto de tecnologias.

Como afirma Pucci (2006, p. 14), as novas tecnologias "entraram de vez na sala de aula, no interior de nossas casas; tornaram-se nossos utensílios pessoais, misturaram-se com nossos membros corporais, manipularam nossos genes. Fizeram de nós indivíduos mais rápidos, interplanetários, interconectados".

É fato que as tecnologias vêm transformando a vida cotidiana e atingem a todos nós, de diferentes formas, portanto, é necessário delas nos apropriarmos e fazermos bom uso do que oferecem.

Descobertas de medicação, vacinas e tratamento para diferentes doenças são possíveis graças ao avanço tecnológico, que permite também novas descobertas que auxiliam pessoas com deficiência a viverem de forma mais autônoma. São carros automáticos, casas inteligentes inclusivas, próteses diversas que permitem uma vida melhor.

Entre as tecnologias disponíveis, destacamos, neste capítulo, a TA que torna executável para as pessoas com deficiência o que antes não era possível para elas. Como defende Radabaugh (citado por Bersch, 2017, p. 2), "para as pessoas sem deficiência, a tecnologia torna as coisas mais fáceis. Para as pessoas com deficiência, a tecnologia torna as coisas possíveis".

O que é *tecnologia assistiva*?

No Brasil, o conceito de TA surgiu em 2007, proposto pelo Comitê de Ajudas Técnicas (CAT), com base em estudos acerca do entendimento e da aplicação do termo em diversos países. Diz o documento:

> Tecnologia Assistiva é uma área do conhecimento, de característica interdisciplinar, que engloba produtos, recursos, metodologias, estratégias, práticas e serviços que objetivam promover a funcionalidade, relacionada à atividade e participação, de pessoas com deficiência, incapacidades ou mobilidade reduzida, visando sua autonomia, independência, qualidade de vida e inclusão social. (SDHPR, citada por Bersch, 2017, p. 4)

Em relação aos recursos e serviços de TA, Sartoretto e Bersch (2022) explicam que os recursos são os equipamentos ou uma parte deles, produtos, itens que podem "aumentar, manter ou melhorar as capacidades funcionais das pessoas com deficiência". Segundo as autoras, podem ser considerados recursos desde uma bengala até um sistema computadorizado mais complexo.

Sartoretto e Bersch (2022) afirmam que os serviços são realizados por profissionais que ajudam as pessoas com deficiência no que diz respeito à seleção, à compra e às orientações de como utilizar os recursos. Exemplos de profissionais que estão envolvidos com os serviços de TA: fisioterapeuta, terapeuta ocupacional, fonoaudiólogo, psicólogo, médico, arquiteto, engenheiro, entre outros (Sartoretto; Bersch, 2022).

A TA objetiva oferecer mais qualidade de vida, autonomia e funcionalidade às pessoas com deficiência, transtornos globais do desenvolvimento e altas habilidades/superdotação por meio de ferramentas, serviços e práticas que favoreçam a mobilidade, a comunicação, bem como a execução de atividades cotidianas no ambiente familiar e no trabalho, favorecendo a inclusão social. O termo *funcionalidade*, nesse caso, deve ser compreendido "num sentido maior do que habilidade em realizar tarefa de interesse" (Sartoretto; Bersch, 2022). As autoras afirmam que:

> segundo a **CIF – Classificação Internacional de Funcionalidade**, o modelo de intervenção para a funcionalidade deve ser **BIOPSICOSSOCIAL** e diz respeito à avaliação e intervenção em: Funções e estruturas do corpo – DEFICIÊNCIA Atividades e participação – Limitações de atividades e de participação. Fatores Contextuais – Ambientais e pessoais. (Sartoretto; Bersch, 2022, grifos do original)

A TA colabora com a superação de barreiras existentes entre a pessoa com deficiência e as atividades cotidianas, proporcionando a essas pessoas uma sensação de bem-estar e de satisfação por conseguir realizar atividades que não eram possíveis sem determinada tecnologia. A qualidade de vida também pode melhorar por meio da participação de pessoas com deficiência em atividades esportivas quando impossibilitadas, que são possíveis com o apoio de TA. Segundo Poker, Navega e Petitto (2012, p. 20-21, grifo do original):

> as Tecnologias denominadas de Assistivas, surgiram para melhorar a capacidade física de pessoas, mas de uma forma mais especial, pois a capacidade do corpo de alguém pode não estar **normal** e a pessoa consegue nem executar atividades que seriam corriqueiras, como pegar um copo, digitar num teclado normal, falar ao telefone.

A TA pode ser classificada de acordo com sua função, como apontam Bersch (2017) e outros autores citados a seguir:

- **Auxílios para a vida diária e vida prática**: Instrumentos que permitem que a pessoa com deficiência realize atividades cotidianas com independência, como talheres modificados, barras de apoio, roupas confeccionadas para se vestir e tirar com facilidade, além de ferramentas que possibilitem à pessoa cega verificar as horas, medir a temperatura corporal, reconhecer se as luzes da casa estão apagadas, escrever, entre outras.
- **Comunicação aumentativa e alternativa (CAA)**: Recursos que possibilitam a comunicação como pranchas de

comunicação, pranchas com produção de voz e pranchas dinâmicas em computadores.

Nesse sentido, Poker, Navega e Petitto (2012, p. 23) afirmam:

A Comunicação Aumentativa e Alternativa pode possibilitar ao aluno que não consegue falar ou apresenta grande comprometimento na modalidade de comunicação oral e escrita, expressar seus pensamentos e desejos através de pranchas de comunicação baseadas em símbolos gráficos (BLISS, PCS, desenhos, letras, palavras). Há também recursos de alta tecnologia que são pranchas com vocalizadores que, ao toque, produzem a voz ou mesmo computadores com o software que realiza tal função.

- **Recursos de acessibilidade ao computador**: Permitem que o computador esteja acessível a pessoas que tenham privações de ordem visual, auditiva, intelectual e motora, como *mouses* e teclados diferenciados, *software* que reconhece a voz, ponteiras para digitação, impressora braile, entre outros. Em relação aos teclados adaptados, Sonza (2008, p. 79) afirma que "podemos utilizar uma ampla variedade de teclados quais sejam: ampliado, reduzido, de conceitos, para uma das mãos, ergonômico, dentre outros".
- **Sistemas de controle de ambiente**: Por meio de TA como controles remotos inteligentes é possível praticar ações frequentes em uma casa, como acender e apagar a luz, abrir e fechar a janela, fazer ligações telefônicas, acionar sistemas de segurança, entre outras atividades.
- **Projetos arquitetônicos para acessibilidade**: Envolve projetos que possibilitam a quebra de barreira física, como a

construção de rampas, instalação de elevadores, banheiros adaptados etc., permitindo à pessoa com deficiência maior mobilidade em diferentes espaços.

- **Órteses e próteses**: Tecnologias como prótese de membro inferior, aparelhos auditivos, marcapasso etc., que substituem partes do corpo (próteses), ou são de uso provisório, colocadas numa parte do corpo (órtese).
- **Adequação postural**: Tecnologias que permitem o alinhamento e a estabilização da postura, seja ela deitada, seja em pé, a fim de evitar a deformidade do corpo. Almofadas de leitos, assentos e encostos para cadeiras de rodas são exemplos de TA para adequação postural.
- **Auxílios de mobilidade**: Para o deslocamento das pessoas com deficiência, como bengalas, cadeiras de rodas, andadores etc.
- **Auxílios para ampliação da função visual e recursos que traduzem conteúdos visuais em áudio ou informação tátil**: Favorecem a função da visão, como a lupa, *software* que amplia a tela, ou apresentam os conteúdos para pessoas cegas, como materiais elaborados com texturas e relevos etc.

De acordo com Sonza (2008, p. 78), os materiais em relevos podem ser produzidos pela Thermoform, que é um tipo de copiadora para materiais adaptados:

> Os deficientes visuais podem e devem utilizar desenhos, mapas, gráficos... Para isso, são confeccionadas matrizes dos mesmos, utilizando materiais com texturas diferenciadas (barbante, sementes, lixas, miçangas, entre outros) objetivando possibilitar a utilização dessas matrizes por diversas pessoas. As mesmas são reproduzidas no thermoform [...], que

emprega calor e vácuo para produzir relevo em películas de PVC. (Sonza, 2008, p. 49)

- **Auxílios para melhorar a função auditiva e recursos utilizados para traduzir os conteúdos de áudio em imagens, texto e língua de sinais**: Aparelhos para surdez, celular com envio de mensagens escritas, textos digitais em língua de sinais, entre outros.
- **Mobilidade em veículos**: Permitem a utilização de veículos por pessoas com deficiência física. Entre os acessórios, estão elevadores e rampas para cadeiras de rodas, serviço de autoescola etc.
- **Esporte e lazer**: Tecnologias que possibilitam à pessoa com deficiência a prática de diferentes esportes, como bola sonora, prótese para escalada no gelo etc.

Como vimos, existe uma variedade de recursos de TA que podem ser utilizados em sala de aula para auxiliar os estudantes com deficiência, transtornos globais do desenvolvimento e altas habilidades/superdotação. Consideremos que a aquisição desses recursos e o conhecimento sobre seu uso são imperativos para que esses estudantes tenham acesso a eles e possam usufruir de seus benefícios. Segundo Poker, Navega e Petitto (2012, p. 22):

> Constata-se que todas essas categorias de recursos se constituem ferramentas imprescindíveis para a implementação da educação inclusiva, pois, através deles, o aluno com deficiência na sala regular ou em atendimento no serviço especializado, poderá acessar os conteúdos curriculares sendo lhe garantida a oportunidade de desenvolver plenamente seu processo de escolarização.

Ressaltamos, mais uma vez, que a TA permite que o estudante realize atividades que seriam impossíveis, ou limitadas sem essas ferramentas ou serviços; portanto, elas são fundamentais para sua participação nas atividades propostas e no processo de aprendizagem.

Para Bersch (2017, p. 21), a TA no campo da educação "se organiza em serviços e recursos que atendem os alunos com deficiência e que têm por objetivo construir com eles as condições necessárias ao aprendizado".

As práticas de TA nas escolas públicas estão relacionadas ao atendimento educacional especializado (AEE) e ocorrem, geralmente, nas salas de recursos; portanto, cabe ao Poder Público investir nesses recursos e em formação específica acerca da TA para os profissionais da educação, principalmente, para os envolvidos com o AEE. A TA pode auxiliar os estudantes com deficiência ampliando suas possibilidades de participação no processo educativo, inclusive de forma mais autônoma, e ajudar a promover a inclusão educacional.

6.2.2 Desenho universal

O desenho universal teve início pelo entendimento de que os recursos de acessibilidade podiam favorecer não só as pessoas com deficiência, mas também todas as pessoas que deles se utilizarem. Ronald Mace, arquiteto americano que usava cadeiras de rodas, foi quem criou o termo em 1987.

Na década de 1990, Mace e outros arquitetos que apoiavam suas ideias estabeleceram os sete princípios do desenho universal: 1) igualitário, uso equiparável; 2) adaptável, uso flexível; 3) óbvio, uso simples e intuitivo; 4) conhecido, informação de fácil percepção; 5) seguro, tolerante ao erro; 6) sem esforço, baixo esforço físico; e 7) abrangente, dimensão e espaço para aproximações e uso (Carletto; Cambiaghi, 2016).

O princípio igualitário defende que pessoas com diferentes habilidades podem fazer uso dos espaços e equipamentos. Carletto e Cambiaghi (2016) citam as portas com sensores que são abertas automaticamente como exemplo desse princípio. Dornelles, Afonso e Ely (2013, p. 58) citam outro:

> Um bom exemplo deste princípio está presente no anfiteatro aberto da *Bradford Woods Outdoor Center*, da Universidade de Indiana [...]. Como os bancos possuem assentos retráteis, uma pessoa em cadeira de rodas pode permanecer em qualquer posição do anfiteatro, e não apenas na parte inferior ou superior como é costume.

O princípio adaptável garante flexibilidade no uso, ou seja, permite que as pessoas decidam qual produto ou espaço utilizar com base em suas necessidades e preferências. Para Carletto e Cambiaghi (2016), a tesoura adaptada, que pode ser manuseada por canhotos e destros, é um exemplo de produto com esse princípio.

O princípio do óbvio considera que os espaços e equipamentos precisam ser facilmente compreendidos pelas pessoas que irão utilizá-los. O princípio do conhecimento propõe que as pessoas consigam entender como usá-los por meio de informações contidas nos próprios espaços por meio de símbolos, por exemplo. O princípio seguro determina que sejam indicados os locais mais seguros para circulação, minimizando a possibilidade de acidentes, como o uso de sensores em elevadores, que percebem a entrada e a saída das pessoas no momento de fechar a porta.

O princípio sem esforço reconhece que as pessoas, ao fazerem uso de algum espaço ou equipamento, devem dispensar o mínimo de cansaço possível. O princípio abrangente considera que os espaços e equipamentos devem apresentar medidas adequadas, independentemente do tamanho, da postura ou das mobilidades de quem o usará (Dornelles; Afonso; Ely, 2013).

No Brasil, o desenho universal foi incluído na legislação pelo Decreto n. 5.296, de 2 de dezembro de 2004, que, no art. 8º, inciso IX, define o desenho universal como:

> [...]
>
> IX – desenho universal: concepção de espaços, artefatos e produtos que visam atender simultaneamente todas as pessoas, com diferentes características antropométricas e sensoriais, de forma autônoma, segura e confortável, constituindo-se nos elementos ou soluções que compõem a acessibilidade. (Brasil, 2004a)

Com esse decreto, os projetos arquitetônicos e urbanísticos passaram a atender aos princípios do desenho universal, conforme determinação de seu art. 10 (Brasil, 2004a).

6.2.2.1 Desenho universal na educação

Ao pensarmos em educação de qualidade com igualdade de oportunidades para o desenvolvimento e a aprendizagem de todos, podemos considerar modelos de aprendizagem que possibilitem a todos os estudantes serem contemplados e atendidos em suas dificuldades. Neste livro, nosso foco é direcionado aos estudantes com deficiência, transtornos globais do desenvolvimento e altas habilidades/superdotação, pois precisamos avançar muito para que eles verdadeiramente tenham acesso à educação que inclui, que não apenas está atenta e respeita suas limitações, mas também percebe suas potencialidades e possibilita avanços.

O desenho universal para a aprendizagem (DUA) é um modelo que busca incluir todos no processo de aprendizagem, independentemente de terem ou não alguma deficiência; que considera toda a diversidade presente nas salas de aula, portanto, pretende que seja combatida toda forma de exclusão. Como explicam Nunes e Madureira (2015, p. 132), esse modelo é "uma abordagem curricular que procura reduzir os fatores de natureza pedagógica que poderão dificultar o processo de ensino e de aprendizagem, assegurando assim o acesso, a participação e o sucesso de todos os alunos".

O DUA surgiu nos Estados Unidos, em 1999, como *universal designer learning* (UDL) por meio de pesquisas desenvolvidas por David Rose, Anne Meyer e outros do *Center for Applied Special Technology*, com o apoio do Departamento de Educação dos Estados Unidos, em Massachusetts (Zerbato, 2018).

O DUA, baseado na concepção de acessibilidade para todas as pessoas, fez surgir "a ideia de integração desse conceito aos processos de ensino e aprendizagem, baseando-se num ensino pensado para atender as necessidades variadas dos alunos, pois além das barreiras físicas, também existem as barreiras pedagógicas" (Zerbato, 2018, p. 55).

A fim de garantir que os estudantes tenham acesso e se apropriem dos conhecimentos essenciais, é importante que diversas estratégias sejam usadas para atender às diferentes formas de aprender que envolvem os alunos de uma determinada turma. Nesse sentido, é preciso repensarmos o currículo, que, segundo Zerbato (2018, p. 55), "é oferecido, padronizado, engessado e imposto, denominado de currículo de tamanho único por Rose e Meyer (2002)".

Em vez de pensarmos em uma estratégia ou recurso para atender às necessidades apenas de um determinado estudante, o ideal é oferecermos essa estratégia ou recurso para todos os estudantes, de forma que todos possam usufruir de seus benefícios. Como exemplifica Zerbato (2018, p. 56):

> Ao elaborar materiais concretos para o aprendizado de conteúdos matemáticos para um aluno cego, por exemplo, tal recurso, normalmente, é pensado e adaptado para os alunos-alvo da turma, porém, na perspectiva do DUA, o mesmo material pode ser utilizado por todos em sala de aula, podendo beneficiar outros estudantes na compreensão dos conteúdos ensinados.

Para atender às necessidades e particularidades dos estudantes, é necessário um envolvimento significativo dos professores no que diz respeito a um olhar atento e cuidadoso sobre cada um deles. O DUA favorece a definição de quais recursos serão utilizados, quais objetivos se pretende atingir, bem como quais formas de avaliação serão mais indicadas, exigindo reflexões constantes do professor ante sua prática pedagógica. Portanto, é necessário que o professor demonstre flexibilidade: "i) na forma como envolvem/motivam os alunos nas situações de aprendizagem, ii) no modo como apresentam a informação e iii) na forma como avaliam os alunos, permitindo que as competências e os conhecimentos adquiridos possam ser manifestados de maneira diversa (Katz, 2014, citado por Nunes; Madureira, 2015, p. 133).

O processo de ensino e aprendizagem exige constante reflexão e a busca de boas práticas pelos professores para que todos os estudantes sejam contemplados com educação de qualidade, que contribua para sua formação integral e para o exercício da cidadania.

Síntese

A inclusão escolar tem merecido atenção especial por parte do Poder Público em termos de legislação, mas ainda precisamos avançar para que ela realmente cumpra seu papel na vida dos estudantes com deficiência, transtornos globais do desenvolvimento e altas habilidades/superdotação. Pensar em acessibilidade é pensar em oportunidade de inclusão da pessoa com deficiência, transtornos globais do desenvolvimento e altas habilidades/superdotação na sociedade.

Neste capítulo, evidenciamos como a acessibilidade está contemplada na legislação brasileira e identificamos como ocorre o processo de acessibilidade na educação, bem como os tipos de acessibilidade apresentados por Sassaki (2002b).

Os recursos de tecnologia assistiva (TA) também tiveram destaque neste capítulo, pois conferem às pessoas com deficiência, transtornos globais do desenvolvimento e altas habilidades/superdotação maior autonomia e independência em atividades cotidianas tanto dentro quanto fora da escola.

No final do capítulo, conhecemos a proposta de desenho universal na educação, como possibilidade de garantir igualdade de oportunidades para o desenvolvimento e a aprendizagem de todos os estudantes que estão na escola.

Atividades de aprendizagem

1. Assinale a alternativa correta com relação às seis dimensões de acessibilidade indicadas por Sassaki (2002b):
   a) Atitudinal, física, material, nos transportes, comunicacional e digital.
   b) Atitudinal, física, arquitetônica, nos transportes, comunicacional e programática.
   c) Atitudinal, arquitetônica, comunicacional, instrumental, metodológica e programática.
   d) Comunicacional, arquitetônica, dos transportes, digital, metodológica e programática.
   e) Física, arquitetônica, comunicacional, instrumental, metodológica e programática.

2. Assinale a alternativa que completa corretamente a sequência a seguir:

   De acordo com Sassaki (2009, p. 14), para alcançar a acessibilidade _____ é necessário revisar programas, regulamentos, portarias e normas da escola, a fim de garantir a exclusão de barreiras invisíveis neles contidas que possam impedir ou dificultar a atenção plena de todos os alunos, com ou sem deficiência, na vida escolar.

   a) Digital.
   b) Física.
   c) Instrumental.
   d) nos transportes.
   e) Programática.

3. Assinale a alternativa que corresponda à acessibilidade metodológica:
   a) Considera-se a utilização de ferramentas, utensílios e instrumentos que promovam a inclusão e a autonomia das pessoas com deficiência no ambiente familiar, escolar ou profissional.
   b) Permite que o estudante se envolva com a aprendizagem, incluindo formas de avaliação, flexibilidade curricular, estratégias e recursos utilizados no processo de ensino e aprendizagem.
   c) Diz respeito às adaptações realizadas nos espaços físicos para promover maior mobilidade às pessoas com deficiência.
   d) Refere-se às atitudes das pessoas em relação à pessoa com deficiência.
   e) Diz respeito ao acesso a equipamentos e programas específicos para busca, produção e disseminação de informação.

4. Analise as afirmações a seguir e julgue-as como verdadeiras (V) ou falsas (F).
   ( ) A tecnologia assistiva se organiza em serviços e recursos que auxiliam as pessoas com deficiência.
   ( ) A tecnologia assistiva é uma área do conhecimento que objetiva autonomia, independência, qualidade de vida e inclusão social para as pessoas com deficiência.
   ( ) Os recursos de tecnologia assistiva são recursos digitais, como celulares, *tablets* e computadores.

( ) Na escola, a tecnologia assistiva é indispensável para a implementação da educação inclusiva.
( ) Um dos objetivos da tecnologia assistiva é o de melhorar a capacidade física de pessoas.

Assinale a alternativa que apresenta a sequência obtida:

a) V, F, F, F, V.
b) F, V, F, F, V.
c) V, V, F, V, V.
d) F, V, V, V, F.
e) F, V, F, V, F.

5. O termo *desenho universal* foi criado pelo arquiteto Ronald Mace, em 1987, com o intuito de que todas as pessoas fossem favorecidas pelos recursos de acessibilidade, e não somente aquelas com deficiência. De acordo com os princípios do desenho universal, assinale a alternativa que caracteriza o princípio igualitário:
a) Defende a utilização de espaços e equipamentos por pessoas com diferentes habilidades.
b) Apresenta informações de como os espaços ou equipamentos podem ser usados, por meio de símbolos, por exemplo.
c) Propõe que os espaços e equipamentos devem ser facilmente compreendidos pelas pessoas que farão uso deles.
d) Garante flexibilidade no uso de produtos ou espaços com base nas necessidades e preferências de cada pessoa.
e) Dispensa o mínimo de cansaço possível na utilização de um espaço ou equipamento.

Atividades de aprendizagem

Questões para reflexão

1. As pessoas com deficiência vivem, diariamente, situações que comprovam a falta de acessibilidade arquitetônica e de transporte que existe em nossas cidades. Faça um passeio pelas ruas de seu bairro imaginando estar em uma cadeira de rodas e tente reconhecer se existe acessibilidade para pessoas com deficiência física. Reflita sobre as dificuldades que essas pessoas enfrentam para se locomoverem e sobre alternativas que podem favorecer a mobilidade das pessoas com deficiência física em sua região.

2. A acessibilidade atitudinal é fundamental para romper as barreiras sociais que ainda existem em nosso país. Atitudes como o uso de vagas reservadas a deficientes por pessoas sem deficiência, por exemplo, revelam a falta de respeito e de cuidado com o outro.

   Em setembro de 2020, foi lançada uma campanha do Ministério da Mulher, da Família e dos Direitos Humanos, no Dia Nacional de Luta da pessoa com Deficiência, cujo slogan *Eu respeito* tinha como finalidade promover a empatia em relação às pessoas com deficiência.

   Você já parou para pensar sobre atitudes que revelam o preconceito, a falta de empatia de algumas pessoas em relação à pessoa com deficiência? Se você estivesse participando dessa campanha, quais relatos faria para reforçar atitudes que revelam respeito e empatia às pessoas com deficiência?

Atividade aplicada: prática

1. Visite uma escola, em sua região, que atenda estudantes com deficiência, transtorno global do desenvolvimento (TGD) ou altas habilidades/superdotação e identifique quais recursos de tecnologia assistiva (TA) estão à disposição desses estudantes e de que forma esses recursos contribuem para que o estudante tenha mais autonomia para desenvolver suas atividades. Sugiro que você construa uma tabela relacionando o recurso de TA às suas contribuições.

Considerações finais

Ao finalizarmos este livro, almejamos ter contribuído para muitas reflexões sobre o movimento de inclusão nas escolas brasileiras. Desejamos ter despertado indagações e inquietações em você, leitor, para que a luta por uma escola mais justa e igualitária continue, embalada por todos os que reconhecem que somente uma escola que respeita a diversidade, que considera fundamental a igualdade de oportunidades para seus estudantes, que envolve toda a comunidade escolar para o alcance de objetivos comuns, que promove aprendizagens significativas, que investe na formação dos profissionais que nela trabalham, que avalia constantemente suas práticas pedagógicas, a fim de se alcançar melhores resultados no processo de ensino e aprendizagem, e que olha para o outro com empatia é capaz de se tornar uma escola de qualidade.

No decorrer dos capítulos desta obra, buscamos aproximá-lo de aspectos importantes do processo de inclusão do estudante com deficiência, transtornos globais do desenvolvimento e altas habilidades/superdotação na escola. Nossa intenção é espalhar olhares inclusivos, citados na apresentação deste livro, tanto no ambiente de nossa atuação direta quanto na discussão e na elaboração das políticas que influenciam diretamente outras vidas, no contexto mais amplo.

No Capítulo 1, apontamos que, na sociedade de classes, é conveniente o predomínio da conservação e da exclusão, o que exige a mobilização constante da sociedade para obter avanços sociais visando à conquista, à ampliação, ou (como temos aprendido) à manutenção de direitos. Explicamos também que o conceito de inclusão escolar passou por diferentes visões ao longo das políticas educacionais, por isso consideramos importante sua busca por outros autores, que contribuem também com outras abordagens sobre o estado atual das políticas na área.

Para auxiliar na construção de seu conhecimento sobre a concepção de inclusão, apresentamos a legislação que fundamenta a educação especial e inclusiva, em especial, a Lei Brasileira de Inclusão da Pessoa com Deficiência, conhecida também como *Estatuto da Pessoa com Deficiência* (Lei n. 13.146/2015). Como explicamos, essa lei é um marco no que diz respeito aos avanços em nossa sociedade ao garantir condições de igualdade no exercício dos direitos às pessoas com deficiência, promovendo a inclusão social e o exercício da cidadania.

Embora a sociedade tenha atingido um grau considerado elevado de conhecimento técnico-científico, as marcas da exclusão de parcela da sociedade aos bens elementares também são elevadas. Nesse sentido, conhecer nossos limites é fundamental para promover avanços sociais. Assim, no Capítulo 2, abordamos como a democracia, diferente do que entende o senso comum, exige planejamento, organização e estabelecimento de regras, elaboradas coletivamente, que viabilizem a participação de todos os envolvidos. Como argumentamos no capítulo, a gestão democrática implica processos mais respeitosos e inclusivos na organização do trabalho pedagógico. Portanto, a forma como o trabalho pedagógico é organizado também não é neutra, mas fundamentada em concepções de gestão e com impactos diferentes, tanto nas relações interpessoais quanto nos processos de ensino e aprendizagem. Sendo assim, é necessário considerar, como abordamos, que democracia, direitos humanos e inclusão precisam ser contemplados nas práticas pedagógicas.

Os órgãos colegiados foram apresentados no Capítulo 3, para que fosse destacada a importância desses órgãos à prática de gestão democrática na escola. Envolver os pais, os professores, os alunos, as comunidades de forma geral, na elaboração e na participação de projetos, em encontros que dão voz a esses atores e por meio de relações interpessoais respeitosas, garante que a escola esteja no caminho de construir uma educação de qualidade, pois, como defendemos, construímos em coletividade.

Já no Capítulo 4, defendemos a importância da formação continuada dos professores do ensino regular inclusivo e do professor do atendimento educacional especializado (AEE). A formação continuada deve ser um direito desses profissionais, visto que sua ação está diretamente relacionada ao direito dos estudantes a uma educação de mais qualidade, capacitando-os quanto às exigências que o AEE impõe para o cumprimento de suas funções.

Como atuamos no contexto da educação inclusiva, nosso olhar (ainda empírico na temática sobre a formação docente em "generalistas ou especialistas"), por ora, percebe a necessidade de constantes estudos sobre a multiplicidade de deficiências que chegam aos espaços educativos, exigindo, por vezes, compreensões mais aprofundadas sobre a condição do estudante, o que tem apresentado benefícios em intervenções específicas, necessárias em alguns casos.

No Capítulo 5, por sua vez, destacamos como a participação de toda a comunidade educativa é necessária e importante para revelar a identidade da escola, as intenções em relação ao processo de inclusão e as formas de alcançá-lo. A família da pessoa com deficiência, transtornos globais do desenvolvimento e altas habilidades/superdotação é uma família como as demais, também cheia de "urgências e turbulências", como explica Cortella (2017, p. 8), e, conforme o caso, carregada de mais intensidade nessas relações e urgências, em vista das demandas a serem atendidas. Dessa forma, é fundamental que a escola reconheça a importância de bem acolher e respeitar essas famílias. Por isso, procuramos defender a importância da parceria entre família e escola para que a criança com deficiência, transtornos globais do desenvolvimento e altas habilidades/superdotação desenvolva suas potencialidades e aprenda aproveitando ao máximo o que a escola lhe oferece.

Como reconhecemos que a acessibilidade é fundamental para que o processo de inclusão ocorra, finalizamos esta obra tratando da acessibilidade, no Capítulo 6, para evidenciarmos a importância de investir em recursos e serviços de tecnologia assistiva que permitam ao estudante com deficiência, transtornos globais do desenvolvimento e altas habilidades/superdotação realizar suas atividades com maior autonomia.

Para a construção desta obra, buscamos inúmeros autores que contribuem com o estudo de diversos aspectos que envolvem o trabalho pedagógico na escola inclusiva, evidenciando que não existe neutralidade nesse campo. A organização do trabalho pedagógico precisa estar a serviço da garantia do direito à aprendizagem por parte de todos os estudantes.

Constatamos os limites impostos pela sociedade atual, mas vislumbramos também mudanças ao discutirmos sobre as possibilidades de uma escola mais justa "ou menos injusta possível" (Dubet, 2008, p. 9), ainda que, nesse contexto de desigualdades gritantes, com um breve olhar sobre a prática. Afinal, ao estudar as contribuições teóricas de outros autores, buscamos compreender melhor a nossa prática para retornar a ela de forma mais elaborada. E, mesmo que limitados ao tempo histórico marcado por desigualdades, não perdemos de vista a busca pela igualdade!

Lista de siglas

ABNT – Associação Brasileira de Normas Técnicas

AEE – Atendimento educacional especializado

APMF – Associação de Pais, Mestres e Funcionários

APPF – Associação de Pais, Professores e Funcionários

BNCC – Base Nacional Comum Curricular

CAA – Comunicação aumentativa e alternativa

CAT – Comitê de Ajudas Técnicas

CF – Constituição Federal

CNE – Conselho Nacional de Educação

DUA – Desenho universal para a aprendizagem

DUDH – Declaração Universal dos Direitos Humanos

EaD – Educação a distância

ECA – Estatuto da Criança e do Adolescente

LDB – Lei de Diretrizes e Bases da Educação Nacional

Libras – Língua brasileira de sinais

OMS – Organização Mundial da Saúde

ONG – Organização não governamental

ONU – Organização das Nações Unidas

PDE – Plano de Desenvolvimento da Educação

PEI – Plano de ensino individualizado

PNE – Plano Nacional de Educação

PPP – Projeto político pedagógico

SAI – Símbolo internacional de acesso

TA – Tecnologia assistiva

TEA – Transtorno do espectro autista

TICs – Tecnologias de informação e comunicação

TDICs – Tecnologias digitais de informação e comunicação

TGD – Transtornos globais do desenvolvimento

Referências

ABNT – Associação Brasileira de Normas Técnicas. **NBR 9050**: acessibilidade a edificações, mobiliário, espaços e equipamentos urbanos. Rio de Janeiro, 2020. Disponível em: <https://www.caurn.gov.br/wp-content/uploads/2020/08/ABNT-NBR-9050-15-Acessibilidade-emenda-1_-03-08-2020.pdf>. Acesso em: 20 jan. 2022.

A EDUCAÇÃO inclusiva no Plano Nacional de Educação. **Brasilianas.org**. São Paulo: TV Brasil, 4 nov. 2013. Programa de televisão. Disponível em: <https://tvbrasil.ebc.com.br/brasilianas/episodio/a-educacao-inclusiva-no-plano-nacional-de-educacao>. Acesso em: 14 jan. 2022.

A IMPORTÂNCIA do grêmio estudantil. **Jornal Futura**. Rio de Janeiro: TV Futura, 2014. Disponível em: <https://www.youtube.com/watch?v=LlGR3DM4tDQ>. Acesso em: 14 jan. 2022.

ANJOS, H. P. dos; ANDRADE, E. P. de; PEREIRA, M. R. A inclusão escolar do ponto de vista dos professores: o processo de constituição de um discurso. **Revista Brasileira de Educação**, v. 14, n. 40, p. 116-129, jan./abr. 2009. Disponível em: <https://www.scielo.br/pdf/rbedu/v14n40/v14n40a10.pdf>. Acesso em: 14 jan. 2022.

ARIÈS, P. **História social da criança e da família**. Tradução de Dora Flaskman. 3. ed. Rio de Janeiro: LTC, 1981.

ARTUR, M. Pessoas com diferentes tipos de deficiência têm menor remuneração e oportunidades no mercado de trabalho. **Jornal da USP**, 21 out. 2020. Disponível em: <https://jornal.usp.br/ciencias/deficiente-tem-menor-remuneracao-e-oportunidades-no-mercado-de-trabalho/>. Acesso em: 12 dez. 2021.

AZEVEDO, F. de et al. **Manifestos dos pioneiros da Educação Nova (1932) e dos educadores (1959)**. Recife: Fundação Joaquim Nabuco/ Massangana, 2010. (Coleção Educadores).

BAPTISTA, C. R. Ação pedagógica e a educação especial: a sala de recursos como prioridade na oferta de serviços especializados. **Revista Brasileira de Educação Especial**, Marília, v. 17, p. 59-76, maio/ago. 2011. Disponível em: <https://www.scielo.br/j/rbee/a/B4mkmTPHqg8HQYsLYxb6tXb/abstract/?lang=pt>. Acesso em: 9 mar. 2022.

BAPTISTA, S. N. (Coord.). **Manual de direito de família**. 3. ed. Recife: Bagaço, 2014.

BERSCH, R. Introdução à tecnologia assistiva. **Assistiva – Tecnologia e Educação**, Porto Alegre, 2017. Disponível em: <https://www.assistiva.com.br/Introducao_Tecnologia_Assistiva.pdf>. Acesso em: 23 jan. 2022.

BOBBIO, N. **A era dos direitos**. Tradução de Carlos Nelson Coutinho. Rio de Janeiro: Elsevier, 2004.

BONINI, J. de O. R. **Novos arranjos familiares**: da família da idade medieval à família da atualidade – conversando sobre família recomposta ou família de recasamento. 44 f. Trabalho de Conclusão de Curso (Especialização em Terapia de Família) – Universidade Cândido Mendes, Niterói, 2009. Disponível em: <https://www.avm.edu.br/docpdf/monografias_publicadas/N202644.pdf>. Acesso em: 29 dez. 2021.

BRASIL. Constituição (1967). Emenda Constitucional n. 12, de 17 de outubro de 1978. **Diário Oficial da União**, Poder Legislativo, Brasília, DF, 19 out. 1978. Disponível em: <https://www2.camara.leg.br/legin/fed/emecon/1970-1979/emendaconstitucional-12-17-outubro-1978-366956-publicacaooriginal-1-pl.html>. Acesso em: 19 jan. 2022.

BRASIL. Constituição (1988). **Diário Oficial da União**, Brasília, DF, 5 out. 1988. Disponível em: <http://www.planalto.gov.br/ccivil_03/Constituicao/Constituicao.htm>. Acesso em: 19 jan. 2022.

BRASIL. Decreto n. 3.956, de 8 de outubro de 2001. **Diário Oficial da União**, Poder Executivo, Brasília, DF, 9 out. 2001a. Disponível em: <http://www.planalto.gov.br/ccivil_03/decreto/2001/d3956.htm>. Acesso em: 19 jan. 2022.

BRASIL. Decreto n. 5.296, de 2 de dezembro de 2004. **Diário Oficial da União**, Poder Executivo, Brasília, DF, 3 dez. 2004a. Disponível em: <http://www.planalto.gov.br/ccivil_03/_ato2004-2006/2004/decreto/d5296.htm>. Acesso em: 24 jan. 2022.

BRASIL. Decreto n. 5.622, de 19 de dezembro de 2005. **Diário Oficial da União**, Poder Executivo, Brasília, DF, 20 dez. 2005a. Disponível em: <http://www.planalto.gov.br/ccivil_03/_ato2004-2006/2005/decreto/d5622.htm>. Acesso em: 29 dez. 2021.

BRASIL. Decreto n. 6.571, de 17 de setembro de 2008. **Diário Oficial da União**, Brasília, DF, 18 set. 2008a. Disponível em: <http://www.planalto.gov.br/ccivil_03/_ato2007-2010/2008/decreto/d6571.htm>. Acesso em: 25 jan. 2022.

BRASIL. Decreto n. 6.949, de 25 de agosto de 2009. **Diário Oficial da União**, Poder Executivo, Brasília, DF, 26 ago. 2009a. Disponível em: <http://www.planalto.gov.br/ccivil_03/_ato2007-2010/2009/decreto/d6949.htm>. Acesso em: 18 jan. 2022.

BRASIL. Decreto n. 7.611, de 17 de novembro de 2011. **Diário Oficial da União**, Poder Executivo, Brasília, DF, 18 nov. 2011a. Disponível em: <http://www.planalto.gov.br/ccivil_03/_ato2011-2014/2011/decreto/d7611.htm>. Acesso em: 19 fev. 2022.

BRASIL. Decreto n. 10.502, de 30 de setembro de 2020. **Diário Oficial da União**, Poder Executivo. Brasília, DF, 1º out. 2020a. Disponível em: <https://www.in.gov.br/en/web/dou/-/decreto-n-10.502-de-30-de-setembro-de-2020-280529948>. Acesso em: 18 jan. 2022.

BRASIL. Lei n. 3.071, de 1º de janeiro de 1916. **Diário Oficial da União**, Rio de Janeiro, RJ, 5 jan. 1916. Disponível em: <https://www2.camara.leg.br/legin/fed/lei/1910-1919/lei-3071-1-janeiro-1916--397989-publicacaooriginal-1-pl.html>. Acesso em: 18 jan. 2022.

BRASIL. Lei n. 4.024, de 20 de dezembro de 1961. **Diário Oficial da União**, Poder Legislativo, Brasília, DF, 27 dez. 1961. Disponível em: <https://www2.camara.leg.br/legin/fed/lei/1960-1969/lei-4024-20-dezembro-1961-353722-publicacaooriginal-1-pl.html>. Acesso em: 18 jan. 2022.

BRASIL. Lei n. 5.692, de 11 de agosto de 1971. **Diário Oficial da União**, Poder Legislativo, Brasília, DF, 12 ago. 1971. Disponível em: <http://www.planalto.gov.br/ccivil_03/leis/L5692.htm>. Acesso em: 19 jan. 2022.

BRASIL. Lei n. 7.853, de 24 de outubro de 1989. **Diário Oficial da União**, Poder Legislativo, Brasília, DF, 25 out. 1989. Disponível em: <http://www.planalto.gov.br/ccivil_03/leis/L7853.htm>. Acesso em: 19 jan. 2022.

BRASIL. Lei n. 8.069, de 13 de julho de 1990. **Diário Oficial da União**, Poder Legislativo, Brasília, DF, 16 jul. 1990. Disponível em: <http://www.planalto.gov.br/ccivil_03/LEIS/L8069.htm>. Acesso em: 19 jan. 2022.

BRASIL. Lei n. 9.394, de 20 de dezembro de 1996. **Diário Oficial da União**, Poder Legislativo, Brasília, DF, 23 dez. 1996. Disponível em: <http://www.planalto.gov.br/ccivil_03/LEIS/l9394.htm>. Acesso em: 19 jan. 2022.

BRASIL. Lei n. 10.048, de 8 de novembro de 2000. **Diário Oficial da União**, Poder Legislativo, Brasília, DF, 9 nov. 2000a. Disponível em: <http://www.planalto.gov.br/ccivil_03/leis/l10048.htm>. Acesso em: 19 jan. 2022.

BRASIL. Lei n. 10.098, de 19 de dezembro de 2000. **Diário Oficial da União**, Poder Legislativo, Brasília, DF, 20 dez. 2000b. Disponível em: <http://www.planalto.gov.br/ccivil_03/leis/l10098.htm>. Acesso em: 19 jan. 2022.

BRASIL. Lei n. 10.406, de 10 de janeiro de 2002. **Diário Oficial da União**, Poder Legislativo, Brasília, DF, 11 jan. 2002a. Disponível em: <http://www.planalto.gov.br/ccivil_03/leis/2002/l10406compilada.htm>. Acesso em: 19 jan. 2022.

BRASIL. Lei n. 12.527, de 18 de novembro de 2011. **Diário Oficial da União**, Poder Legislativo, Brasília, DF, 18 nov. 2011b. Disponível em: <http://www.planalto.gov.br/ccivil_03/_ato2011-2014/2011/lei/l12527.htm>. Acesso em: 19 jan. 2022.

BRASIL. Lei n. 12.764, de 27 de dezembro de 2012. **Diário Oficial da União**, Poder Legislativo, Brasília, DF, 28 dez. 2012. Disponível em: <http://www.planalto.gov.br/ccivil_03/_ato2011-2014/2012/lei/l12764.htm>. Acesso em: 19 jan. 2022.

BRASIL. Lei n. 12.796, de 4 de abril de 2013. **Diário Oficial da União**, Brasília, DF, 5 abr. 2013a. Disponível em: <http://www.planalto.gov.br/ccivil_03/_ato2011-2014/2013/lei/l12796.htm>. Acesso em: 26 jan. 2022.

BRASIL. Lei n. 13.005, de 25 de junho de 2014. **Diário Oficial da União**, Poder Legislativo, Brasília, DF, 26 jun. 2014a. Disponível em: <http://www.planalto.gov.br/ccivil_03/_ato2011-2014/2014/lei/l13005.htm>. Acesso em: 19 jan. 2022.

BRASIL. Lei n. 13.146, de 6 de julho de 2015. **Diário Oficial da União**, Poder Legislativo, Brasília, DF, 7 jul. 2015a. Disponível em: <http://www.planalto.gov.br/ccivil_03/_ato2015-2018/2015/lei/l13146.htm>. Acesso em: 19 jan. 2022.

BRASIL. Lei n. 14.191, de 3 de agosto de 2021. **Diário Oficial da União**, 4 ago. 2021. Disponível em: <http://www.planalto.gov.br/ccivil_03/_ato2019-2022/2021/Lei/L14191.htm>. Acesso em: 19 fev. 2022.

BRASIL. Ministério da Cidadania. Secretaria Especial do Desenvolvimento Social. **BPC na escola**. 2015b. Disponível em: <http://mds.gov.br/assistencia-social-suas/servicos-e-programas/bpc-na-escola#:~:text=O%20Programa%20BPC%20na%20Escola,da%20Assist%C3%AAncia%20Social%20(BPC).>. Acesso em: 15 mar. 2022.

BRASIL. Ministério da Educação. Conselho Nacional de Educação. Câmara de Educação Básica. Resolução n. 2, de 11 de setembro de 2001. **Diário Oficial da União**, Brasília, DF, 14 set. 2001b. Disponível em: <http://portal.mec.gov.br/cne/arquivos/pdf/CEB0201.pdf>. Acesso em: 19 jan. 2022.

BRASIL. Ministério da Educação. Conselho Nacional de Educação. Câmara de Educação Básica. Resolução n. 4, de 2 de outubro de 2009. **Diário Oficial da União**, Brasília, DF, 5 out. 2009b. Disponível em: <http://portal.mec.gov.br/dmdocuments/rceb004_09.pdf>. Acesso em: 19 jan. 2022.

BRASIL. Ministério da Educação. Conselho Nacional de Educação. Conselho Pleno. Resolução n. 1, de 18 de fevereiro de 2002. **Diário Oficial da União**, Brasília, DF, 9 abr. 2002b. Disponível em:<http://portal.mec.gov.br/seesp/arquivos/pdf/res1_2.pdf>. Acesso em: 19 jan. 2022.

BRASIL. Ministério da Educação. Conselho Nacional de Educação. Conselho Pleno. Resolução n. 2, de 20 de dezembro de 2019. **Diário Oficial da União**, Brasília, DF, 15 abr. 2020b. Disponível em: <http://portal.mec.gov.br/docman/dezembro-2019-pdf/135951-rcp002-19/file>. Acesso em: 20 fev. 2022.

BRASIL. Ministério da Educação. **Declaração de Salamanca**: sobre princípios, políticas e práticas na área das necessidades educativas especiais. 1994a. Disponível em: <http://portal.mec.gov.br/?params%5Bsearch_relevance%5D=Declara%C3%A7%C3%A30+de+salamanca&task=search&option=com_content&view=buscageral&params%5Bsearch_method%5D=all&params%5Bord%5D=pr&Itemid=30188>. Acesso em: 18 jan. 2022.

BRASIL. Ministério da Educação. Instituto Nacional de Estudos e Pesquisas Educacionais Anísio Teixeira. Diretoria de Avaliação da Educação Superior. **Referenciais de acessibilidade na educação superior e a avaliação *in loco* do Sistema Nacional de Avaliação da Educação Superior (Sinaes)**. Brasília, jul. 2013b. Parte I: avaliação de cursos de graduação. Disponível em: <https://prograd.ufc.br/wp-content/uploads/2013/11/referenciais-de-acessibilidade-inep-mec-2013.pdf>. Acesso em: 18 fev. 2022.

BRASIL. Ministério da Educação. Ministério de Desenvolvimento Social e de Combate à Fome. Ministro da Saúde. Secretaria Especial dos Direitos Humanos. Portaria Normativa Interministerial n. 18, de 24 de abril de 2007. **Diário Oficial da União**, Brasília, DF, 26 abr. 2007a. Disponível em: <http://portal.mec.gov.br/index.php?option=com_docman&view=download&alias=9944-portaria-interministerial-18-abril-2007&category_slug=fevereiro-2012-pdf&Itemid=30192>. Acesso em: 18 fev. 2022.

BRASIL. Ministério da Educação. **O Plano de Desenvolvimento da Educação**: razões, princípios e programas. Brasília: MEC, 2007b. Disponível em: <http://www.dominiopublico.gov.br/pesquisa/DetalheObraForm.do?select_action&co_obra=84751>. Acesso em: 9 mar. 2022.

BRASIL. Ministério da Educação. Secretaria de Articulação com os Sistemas de Ensino. **Planejando a próxima década**: conhecendo as 20 metas do Plano Nacional de Educação. Brasília, 2014b. Disponível em: <http://pne.mec.gov.br/images/pdf/pne_conhecendo_20_metas.pdf>. Acesso em: 19 jan. 2022.

BRASIL. Ministério da Educação. Secretaria de Educação Básica. **Conselhos Escolares**: uma estratégia de gestão democrática da educação pública. Brasília, 2004b. Disponível em: <http://portal.mec.gov.br/seb/arquivos/pdf/Consescol/ce_gen.pdf>. Acesso em: 17 fev. 2022.

BRASIL. Ministério da Educação. Secretaria de Educação Básica. Secretaria de Educação Continuada, Alfabetização, Diversidade e Inclusão. Conselho Nacional da Educação. **Diretrizes Curriculares Nacionais da Educação Básica**. Brasília, 2013c. Disponível em: <http://portal.mec.gov.br/docman/julho-2013-pdf/13677-diretrizes-educacao-basica-2013-pdf/file>. Acesso em: 18 fev. 2022.

BRASIL. Ministério da Educação. Secretaria de Educação Continuada, Alfabetização, Diversidade e Inclusão. **Política Nacional de Educação Especial na Perspectiva da Educação Inclusiva**. Brasília, 2008b. Disponível em: <http://portal.mec.gov.br/index.php?option=com_docman&view=download&alias=16690-politica-nacional-de-educacao-especial-na-perspectiva-da-educacao-inclusiva-05122014&Itemid=30192>. Acesso em: 19 jan. 2022.

BRASIL. Ministério da Educação. Secretaria de Educação Continuada, Alfabetização, Diversidade e Inclusão. **Programa Escola Acessível**. Disponível em: <http://portal.mec.gov.br/expansao-da-rede-federal/194-secretarias-112877938/secad-educacao-conti nuada-223369541/17428-programa-escola-acessivel-novo>. Acesso em: 18 fev. 2022.

BRASIL. Ministério da Educação. Secretaria de Educação Especial. **Diretrizes Nacionais para a Educação Especial na Educação Básica**. Brasília, 2001c. Disponível em: <http://portal.mec.gov.br/seesp/arquivos/pdf/diretrizes.pdf>. Acesso em: 23 jan. 2022.

BRASIL. Ministério da Educação. Secretaria de Educação Especial **Educação Inclusiva**: direito à diversidade. Documento orientador. Brasília, 2005b. Disponível em: <http://portal.mec.gov.br/seesp/arquivos/pdf/orientador1.pdf>. Acesso em: 19 fev. 2022.

BRASIL. Ministério da Educação. Secretaria de Educação Especial. **Manual de orientação**: programa de implantação de sala de recursos multifuncionais. Brasília, 2010. Disponível em: <http://portal.mec.gov.br/index.php?option=com_docman&view=down load&alias=9936-manual-orientacao-programa-implantacao-salas-recursos-multifuncionais&category_slug=fevereiro-2012-pdf&Itemid=30192>. Acesso em: 29 dez. 2021.

BRASIL. Ministério da Educação. Secretaria de Educação Especial. **Política Nacional de Educação Especial**: livro 1. Brasília, 1994b. Disponível em: <https://inclusaoja.files.wordpress.com/2019/09/polc3adtica-nacional-de-educacao-especial-1994.pdf>. Acesso em: 18 jan. 2022.

BRASIL. Ministério da Educação. Secretaria de Educação Especial. Portaria Normativa n. 13, de 24 de abril de 2007. **Diário Oficial da União**, Brasília, DF, 26 abr. 2007c. Disponível em: <http://portal.mec.gov.br/index.php?option=com_docman&view=download&alias=9935-portaria-13-24-abril-2007&Itemid=30192>. Acesso em: 25 jan. 2022.

BRASIL. Ministério da Educação. Secretaria de Educação Fundamental. Secretaria de Educação Especial. **Parâmetros Curriculares Nacionais**: adaptações curriculares – estratégias para a educação de alunos com necessidades educacionais especiais. Brasília, 1999.

BRASIL. Ministério da Educação. Secretaria de Modalidades Especializadas de Educação. **PNEE**: Política Nacional de Educação Especial – Equitativa, Inclusiva e com Aprendizado ao Longo da Vida. Brasília, 2020c. Disponível em: <https://www.gov.br/mec/pt-br/assuntos/noticias/mec-lanca-documento-sobre-implementacao-da-pnee-1/pnee-2020.pdf>. Acesso em: 19 jan. 2022.

BRASIL. Ministério da Educação. Secretaria Executiva. Instituto Nacional de Estudos e Pesquisas Educacionais Anísio Teixeira. **Censo Escolar da Educação Básica 2013**: resumo técnico. Brasília: Inep, 2014c. Disponível em: <https://download.inep.gov.br/educacao_basica/censo_escolar/resumos_tecnicos/resumo_tecnico_censo_educacao_basica_2013.pdf>. Acesso em: 11 mar. 2022.

BRASIL. Ministério da Educação. Secretaria Executiva. Secretaria de Educação Básica. Conselho Nacional de Educação. **Base Nacional Comum Curricular**: educação é a base. Brasília, 2017. Disponível em: <http://basenacionalcomum.mec.gov.br/images/BNCC_EI_EF_110518_versaofinal_site.pdf>. Acesso em: 22 jan. 2022.

BRASIL. Ministério dos Direitos Humanos. **Plano Nacional de Educação em Direitos Humanos**. Brasília, 2018. Disponível em: <https://www.gov.br/mdh/pt-br/navegue-por-temas/educacao-em-direitos-humanos/DIAGRMAOPNEDH.pdf>. Acesso em: 18 jan. 2022.

BRASIL. Presidência da República. Secretaria Especial dos Direitos Humanos. Coordenadoria Nacional para Integração da Pessoa Portadora de Deficiência. **Convenção sobre os direitos das pessoas com deficiência**: protocolo facultativo à convenção sobre os direitos das pessoas com deficiência. Brasília, 2007d. Disponível em: <http://portal.mec.gov.br/index.php?option=com_docman&view=download&alias=424-cartilha-c&category_slug=documentos-pdf&Itemid=30192>. Acesso em: 12 dez. 2021.

BRUM, E. **A vida que ninguém vê**. Porto Alegre: Arquipélago Editorial, 2006.

BUSCAGLIA, L. F. **Os deficientes e seus pais**: um desafio ao aconselhamento. Tradução de Raquel Mendes. Rio de Janeiro: Record, 1993.

CARLETTO, A. C.; CAMBIAGHI, S. **Desenho universal**: um conceito para todos. 2016. Disponível em: <https://www.maragabrilli.com.br/wp-content/uploads/2016/01/universal_web-1.pdf>. Acesso em: 24 jan. 2022.

CAVALCANTI, C. R. Os princípios de qualidade e equidade nas reformas neoliberais da educação. In: JORNADA INTERNACIONAL DE POLÍTICAS PÚBLICAS, 6., 2013, São Luís. Disponível em: <http://www.joinpp.ufma.br/jornadas/joinpp2013/JornadaEixo2013/anais-eixo15-impassesedesafiosdaspoliticasdeeducacao/osprincipiosdequalidadeeequidadenasreformasneoliberaisdaeducacao.pdf>. Acesso em: 12 dez. 2021.

CHAUI, M. **Em defesa da educação pública, gratuita e democrática**. Belo Horizonte: Autêntica, 2018.

CHIMURA, W. **Coisas que autistas gostariam que você soubesse**. 2020. Disponível em: <https://www.youtube.com/watch?v=vQHoohwmos8>. Acesso em: 19 jan. 2022.

CORREIA, G. B.; BAPTISTA, C. R. Política nacional de educação especial na perspectiva da educação inclusiva de 2008: quais origens e quais trajetórias? **Revista on-line de Política e Gestão Educacional**, Araraquara, v. 22, p. 716-731, dez. 2018. Disponível em: <https://periodicos.fclar.unesp.br/rpge/article/view/11905/7791>. Acesso em: 14 jan. 2022.

CORTELLA, M. S. **A escola e o conhecimento**: fundamentos epistemológicos e políticos. 10. ed. São Paulo: Cortez/Instituto Paulo Freire, 2006.

CORTELLA, M. S. **Família**: urgências e turbulências. São Paulo: Cortez, 2017.

CORTEZ, L. C. Como uma diretora abandonou o autoritarismo e abraçou a colaboração. **Nova Escola**, 13 set. 2018. Disponível em: <https://gestaoescolar.org.br/conteudo/2074/como-uma-diretora-abandonou-o-autoritarismo-e-abracou-a-colaboracao>. Acesso em: 29 dez. 2021.

COSTA-RENDERS, E. C. Inclusão e direitos humanos: a defesa da educação como um direito fundamental de todas as pessoas. **Mandrágora**, v. 21. n. 2, p. 113-134, 2015. Disponível em: <https://www.metodista.br/revistas/revistas-ims/index.php/MA/article/view/6001/5002>. Acesso em: 3 nov. 2021.

CURITIBA. Conselho Municipal de Educação. Princípios Norteadores para a gestão democrática nas instituições de educação e ensino que compõem o SISMEN. **Diário Oficial do Município**, 29 jul. 2014.

CURY, C. R. J. **Educação e contradição**: elementos metodológicos para uma teoria crítica do fenômeno educativo. São Paulo: Cortez; Autores Associados, 1986.

DALBEN, A. I. L. F. Conselho de classe. In: OLIVEIRA, D. A.; DUARTE, A. M. C.; VIEIRA, L. M. F. **Dicionário**: trabalho, profissão e condição docente. Belo Horizonte: UFMG/Faculdade de Educação, 2010. CDROM. Disponível em: <https://gestrado.net.br/wp-content/uploads/2020/08/103-1.pdf>. Acesso em: 19 fev. 2022.

DALBEN, A. I. L. F. **Trabalho escolar e conselho de classe**. Campinas: Papirus, 1992.

DINIZ, M. **Inclusão de pessoas com deficiência e/ou necessidades específicas**: avanços e desafios. Belo Horizonte: Autêntica, 2012.

DORNELLES, V. G.; AFONSO, S.; ELY, V. H. M. B. O desenho universal em espaços abertos: uma reflexão sobre o processo de projeto. **Gestão e Tecnologia de Projetos**, São Paulo, v. 8, n. 1, p. 55-67, jan./jun. 2013. Disponível em: <https://www.revistas.usp.br/gestaodeprojetos/article/view/62203>. Acesso em: 12 mar. 2022.

DRAGO, R. et al. Projeto político-pedagógico e inclusão escolar: um diálogo possível. **Cadernos de Pesquisa em Educação PPGE-UFES**, Vitória, v. 16, n. 31, p. 126-145, jan./jun. 2010. Disponível em: <https://periodicos.ufes.br/educacao/article/download/4399/3441/7739>. Acesso em: 12 mar. 2022.

DUBET, F. **O que é uma escola justa?** A escola das oportunidades. Tradução Ione Ribeiro Valle. São Paulo: Cortez, 2008.

EYNG, A. M. Planejamento e gestão do projeto político-pedagógico: desenvolvendo competências. In: EYNG, A. M. (Org.). **Planejamento e gestão educacional numa perspectiva sistêmica**. Curitiba: Champagnat, 2002. p. 25-32.

FACION, J. R. (Org.). **Inclusão escolar e suas implicações**. Curitiba: Ibpex, 2008.

FERNANDES, S. **Fundamentos para educação especial**. Curitiba: Ibpex, 2007.

FERREIRA, A. L. **As implicações e os reflexos da teoria reprodutivista na educação do Brasil a partir da década de 60**. Disponível em: <https://www.editorarealize.com.br/index.php/artigo/visualizar/59228>. Acesso em: 30 mar. 2022.

FERREIRA, V. R. T.; CECCONELLO, W. W.; MACHADO, M. R. Neurônios-espelho como possível base neurológica das habilidades sociais. **Psicologia em Revista**, Belo Horizonte, v. 23, n. 1, p. 147-159, jan. 2017. Disponível em: <http://pepsic.bvsalud.org/pdf/per/v23n1/v23n1a09.pdf>. Acesso em: 12 dez. 2021.

FERRETTI, C. J. et al. (Org.). **Novas tecnologias, trabalho e educação**: um debate multidisciplinar. 16. ed. Petrópolis: Vozes, 1994.

FOREST, M.; PEARPOINT, J. Inclusão: um panorama maior. In: GLAT, R. (Org.). **Educação inclusiva**: cultura e cotidiano escolar. Rio de Janeiro: 7 Letras, 2007. p. 137-141.

GALEANO, E. **De pernas pro ar**: a escola do mundo ao avesso. Porto Alegre: L&PM, 1999.

GARCIA, R. M. C.; MICHELS, M. H. A política de educação especial no Brasil (1991-2011): uma análise da produção do GT15 – Educação Especial da ANPED. **Revista Brasileira de Educação Especial**, Marília, v. 17, p. 105-124, maio/ago. 2011. Disponível em: <https://www.scielo.br/pdf/rbee/v17nspe1/09.pdf>. Acesso em: 12 dez. 2021.

GENTILI, P. Neoliberalismo e educação: manual do usuário. In: SILVA, T. T. da; GENTILI, P. (Org.). **Escola S.A.**: quem ganha e quem perde no mercado educacional do neoliberalismo. Brasília: CNTE, 1996. p. 9-49.

GIACOMELLI, C. L. F. et al. **Constituição e administração pública**. Porto Alegre, Sagah, 2018.

GIROTO, C. R. M.; POKER, R. B.; OMOTE, S. (Org.). **As tecnologias nas práticas pedagógicas inclusivas**. Marília: Oficina Universitária; São Paulo: Cultura Acadêmica, 2012. Disponível em: <https://www.marilia.unesp.br/Home/Publicacoes/as-tecnologias-nas-praticas_e-book.pdf>. Acesso em: 29 dez. 2021.

GOLDENBERG, M. Uma mulher que se reinventa e se redescobre. **Revista do Instituto Humanitas Unisinos**, n. 249, mar. 2008. Entrevista concedida a Graziela Wolfart e Alessandra Barros. Disponível em: <http://www.ihuonline.unisinos.br/artigo/1596-mirian-goldenberg>. Acesso em: 26 jan. 2022.

GROCHOSKA, M. A. **Organização escolar**: perspectivas e enfoques. Curitiba: Ibpex, 2011.

HARVEY, D. **Condição pós-moderna**: uma pesquisa sobre as origens da mudança cultural. Tradução de Adail Ubirajara Sobral e Maria Stela Gonçalves. 12. ed. São Paulo: Loyola, 2003.

HEREDERO, E. S. A escola inclusiva e estratégias para fazer frente a ela: as adaptações curriculares. **Acta Scientiarum Education**, Maringá, v. 32, n. 2, p. 193-208, 2010. Disponível em: <http://scholar.google.com.br/scholar_url?url=http://periodicos.uem.br/ojs/index.php/ActaSciEduc/article/download/9772/6417&hl=pt-BR&sa=X&ei=rmH7X--IMJXKmAH_q6joDA&scisig=AAGBfm1Co_gpOEhqMxgFUSoKVwCi34GD_A&nossl=1&oi=scholarr>. Acesso em: 29 dez. 2021.

HUBERMAN, L. **História da riqueza do homem**. Tradução de Waltensir Dutra. 21. ed. Rio de Janeiro: Guanabara, 1986.

IBGE EDUCA. **Conheça o Brasil** – População: Educação. Disponível em: <https://educa.ibge.gov.br/jovens/conheca-o-brasil/populacao/18317-educacao.html>. Acesso em: 12 dez. 2021.

JANNUZZI, G. de M. **A educação do deficiente no Brasil**: dos primórdios ao início do século XXI. Campinas: Autores Associados, 2004.

JATOBÁ, C. **Das transformações características da família**. 2014. Disponível em: <https://dellacellasouzaadvogados.jusbrasil.com.br/artigos/139879030/das-transformacoes-caracteristicas-da-familia>. Acesso em: 29 dez. 2021.

KUENZER, A. Z. Exclusão includente e inclusão excludente: a nova forma de dualidade estrutural que objetiva as novas relações entre educação e trabalho. In: LOMBARDI, J. C.; SAVIANI, D.; SANFELICE, J. L. **Capitalismo, trabalho e educação**. 3. ed. São Paulo: Autores Associados, 2005. p. 77-96.

LIBÂNEO, J. C.; OLIVEIRA, J. F. de; TOSCHI, M. S. **Educação escolar**: políticas, estrutura e organização. 5. ed. São Paulo: Cortez, 2007. (Coleção Docência em Formação).

LIMA, E. A. G. de. Gestão democrática: atuação da Instância Colegiada APMF para além da gestão dos recursos financeiros. In: **Os desafios da escola pública paranaense na perspectiva do professor PDE**: produções didático-pedagógicas. Curitiba: Secretaria de Estado da Educação/Programa de Desenvolvimento Educacional; Maringá: Universidade Estadual de Maringá, 2014. (Cadernos PDE, v. 2).

LIMA, E. C. de A. dos S. S. **Entidades familiares**: uma análise da evolução do conceito de família no Brasil na doutrina e na jurisprudência. 2018. Disponível em: <https://jus.com.br/artigos/64933/entidades-familiares-uma-analise-da-evolucao-do-conceito-de-familia-no-brasil-na-doutrina-e-na-jurisprudencia>. Acesso em: 29 dez. 2021.

MAIA, V. O.; FREIRE, S. A diferenciação pedagógica no contexto da educação inclusiva. **Revista Exitus**, Santarém, v. 10, p. 1-29, 2020. Disponível em: <http://www.ufopa.edu.br/portaldeperiodicos/index.php/revistaexitus/article/view/1147/638>. Acesso em: 12 dez. 2021.

MANTOAN, M. T. E. **Inclusão escolar**: o que é? Por quê? Como fazer? São Paulo: Moderna, 2003.

MARTINS, A. M.; SILVA, V. G. da. Gestão escolar, autonomia escolar e órgãos colegiados: a produção de teses e dissertações (2000-2008). **Revista Brasileira de Política e Administração da Educação**, v. 26, n. 3, p. 421-440, set./dez. 2010.

MATURANA, A. P. P. M.; CIA, F. Educação especial e a relação família-escola: análise da produção científica de teses e dissertações. **Revista Quadrimestral da Associação Brasileira de Psicologia Escolar e Educacional**, v. 19, n. 2, p. 349-358, maio/ago. 2015. Disponível em: <https://www.scielo.br/j/pee/a/Kv8qmQtcMYPQ7DpLq9Dcxnc/?format=pdf&lang=pt>. Acesso em: 26 jan. 2022.

MELMAN, J. **Família e doença mental**: repensando a relação entre profissionais de saúde e familiares. São Paulo: Escrituras, 2002.

MENDES, E. G. A radicalização do debate sobre inclusão escolar no Brasil. **Revista Brasileira de Educação**, v. 11, n. 33, p. 387-405, set./dez. 2006. Disponível em: <https://www.scielo.br/pdf/rbedu/v11n33/a02v1133.pdf>. Acesso em: 12 dez. 2021.

MINETTO, M. de F. **Currículo na educação inclusiva**: entendendo esse desafio. 2. ed. Curitiba: Ibpex, 2008.

MONTEIRO, M. H. Apresentação: No terceiro milênio, o homem da casa é mulher. In: CAVENAGHI, S.; ALVES, J. H. D. **Mulheres chefes de família no Brasil**: avanços e desafios. Rio de Janeiro: ENS/CPES, 2018. (Estudos sobre Seguros, n. 32). p. 9-11. Disponível em: <https://www.ens.edu.br/arquivos/mulheres-chefes-de-familia-no-brasil-estudo-sobre-seguro-edicao-32_1.pdf>. Acesso em: 26 jan. 2022.

NUNES, C.; MADUREIRA, I. Desenho universal para a aprendizagem: construindo práticas pedagógicas inclusivas. **Da Investigação às Práticas**, Lisboa, v. 5, n. 2, p. 126-143, set. 2015. Disponível em: <http://www.scielo.mec.pt/scielo.php?script=sci_arttext&pid=S2182-13722015000200008&lng=pt&nrm=iso>. Acesso em: 29 dez. 2021.

OEA – Organização dos Estados Americanos. **Convenção Interamericana para a Eliminação de todas as Formas de Discriminação contra a Pessoa Portadora de Deficiência**. Guatemala, 1999. Disponível em: <http://www.oas.org/juridico/portuguese/treaties/a-65.htm>. Acesso em: 19 jan. 2022.

OLIVEIRA, A. A. S. de; LEITE, L. P. Construção de um sistema educacional inclusivo: um desafio político-pedagógico. **Ensaio: Avaliação e Políticas Públicas em Educação**, Rio de Janeiro, v. 15, n. 57, p. 511-524, out./dez. 2007. Disponível em: <http://www.scielo.br/scielo.php?script=sci_arttext&pid=S0104-40362007000400004&lng=en&nrm=iso>. Acesso em: 29 dez. 2021.

OLIVEIRA, C. B. E. de; MARINHO-ARAÚJO, C. M. A relação família-escola: intersecções e desafios. **Estudos de Psicologia**, Campinas, v. 27, n. 1, p. 99-108, jan./mar. 2010. Disponível em: <https://www.scielo.br/j/estpsi/a/CM3Hj6VLtm7ZMxD33pRyhkn/?format=pdf&lang=pt>. Acesso em: 26 jan. 2022.

OLIVEIRA, J. F. de. A função social da educação e da escola pública: tensões, desafios e perspectivas. In: FERREIRA, E. B.; OLIVEIRA, D. A. (Org.). **Crise da escola e políticas educativas**. Belo Horizonte: Autêntica, 2009. p. 237-252.

ONU – Organização das Nações Unidas. **Convenção sobre os direitos das pessoas com deficiência**. 13 dez. 2006. Disponível em: <https://bvsms.saude.gov.br/bvs/publicacoes/714_1.pdf>. Acesso em: 18 jan. 2022.

PAIVA, D.; SOUZA, M. R.; LOPES, G. de F. As percepções sobre democracia, cidadania e direitos. **Opinião Pública**, Campinas, v. 10, n. 2, p. 368-376, out. 2004. Disponível em: <https://www.cesop.unicamp.br/vw/1JN4wMg_MDA_07063_>. Acesso em: 12 mar. 2022.

PAN, M. **O direito à diferença**: uma reflexão sobre deficiência intelectual e educação inclusiva. Curitiba: InterSaberes, 2013.

PARO, V. H. **Gestão escolar, democracia e qualidade do ensino**. São Paulo: Ática, 2007.

PARR, T. **Tudo bem ser diferente**. Tradução de Marcelo Bueno. São Paulo: Panda Books, 2009.

POKER, R. B.; NAVEGA, M. T.; PETITTO, S. A acessibilidade na escola inclusiva: tecnologias, recursos e o atendimento educacional especializado. In: POKER, R. B.; NAVEGA, M. T.; PETITTO, S. (Org.). **Acessibilidade na escola inclusiva**: tecnologias, recursos e o atendimento educacional especializado. Marília: Oficina Universitária; São Paulo: Cultura Acadêmica, 2012, p. 13-29. (Educação Especial na Perspectiva da Educação Inclusiva, v. 4). Disponível em: <https://www.marilia.unesp.br/Home/Publicacoes/af-v4_colecao_poker_navega_petitto_2012-pcg.pdf>. Acesso em: 23. jan. 2022.

PRIETO, R. G. Atendimento escolar de alunos com necessidades educacionais especiais: um olhar sobre as políticas públicas de educação no Brasil. In: ARANTES, V. A. (Org.). **Inclusão escolar**: pontos e contrapontos. São Paulo: Summus, 2006. p. 31-73.

PUCCI, B. E a razão se fez máquina e permanece entre nós. **Revista Educação e Filosofia**, Uberlândia, v. 20, n. 39, p. 71-88, jan./jun. 2006. Disponível em: <https://seer.ufu.br/index.php/EducacaoFilosofia/article/download/297/434/1504>. Acesso em: 15 mar. 2022.

ROCHA, D. L. de S. A utilização das tecnologias e o processo de descorporalização humana. In: LÜCK, H. (Org.). **Tecnologias e educação**: perspectivas integradoras. Curitiba: Positivo, 2006. p. 51-68.

ROPOLI, E. A. et al. **A educação especial na perspectiva da inclusão escolar**: a escola comum inclusiva. Brasília: Ministério da Educação/Secretaria de Educação Especial; Fortaleza: Universidade Federal do Ceará, 2010. Disponível em: <https://repositorio.ufc.br/handle/riufc/43213>. Acesso em: 12 mar. 2022.

SARTORETTO, M. L.; BERSCH, R. O que é tecnologia assistiva? **Assistiva – Tecnologia e Educação**, 2022. Disponível em: <https://www.assistiva.com.br/tassistiva.html#topo>. Acesso em: 23 jan. 2022.

SASSAKI, R. K. Inclusão: acessibilidade no lazer, trabalho e educação. **Revista Nacional de Reabilitação**, São Paulo, ano 12, p. 10-16, mar./abr. 2009. Disponível em: <https://files.cercomp.ufg.br/weby/up/211/o/SASSAKI_-_Acessibilidade.pdf?1473203319>. Acesso em: 15 mar. 2022.

SASSAKI, R. K. **Inclusão**: construindo uma sociedade para todos. 4. ed. Rio de Janeiro: WVA, 2002a.

SASSAKI, R. K. Nada sobre nós, sem nós: da integração à inclusão – Parte 2. **Revista Nacional de Reabilitação**, ano 10, n. 58, p. 20-30, set./out. 2007. Disponível em: <https://www.sinprodf.org.br/wp-content/uploads/2012/01/nada-sobre-n%C3%93s-sem-n%C3%93s2.pdf>. Acesso em: 15 mar. 2022.

SASSAKI, R. K. Terminologia sobre deficiência na era da inclusão. **Revista Nacional de Reabilitação**, São Paulo, ano 5, n. 24, p. 6-9, jan./fev. 2002b.

SAVIANI, D. **Escola e democracia**. 8. ed. São Paulo: Cortez; Autores Associados, 1985.

SAVIANI, D. **Pedagogia histórico-crítica**: primeiras aproximações. São Paulo: Cortez/Autores Associados, 1992.

SAVIANI, D. **Sistema nacional de educação e Plano Nacional de Educação**: significado, controvérsias e perspectivas. Campinas: Autores Associados, 2014.

SAVIANI, D.; DUARTE, N. (Org.). **Pedagogia histórico-crítica e luta de classes na educação escolar**. Campinas: Autores Associados, 2012.

SAWAIA, B. (Org.). **As artimanhas da exclusão**: análise psicossocial e ética da desigualdade social. 2. ed. Petrópolis: Vozes, 2001.

SEVERINO, A. J. **Educação, ideologia e contraideologia**. São Paulo: EPU, 1986.

SILVA, A. F. da; CASTRO, A. de L. B. de; BRANCO, M. C. M. C. **A inclusão escolar de alunos com necessidades educacionais especiais**: deficiência física. Brasília: MEC/SEE, 2006. Disponível em: <http://portal.mec.gov.br/seesp/arquivos/pdf/deffisica.pdf>. Acesso em: 52 mar. 2022.

SILVA, K. K. A. da; BEHAR, P. A. Competências digitais na educação: uma discussão acerca do conceito. **Educação em Revista**, v. 35, p. 1-32, abr. 2019. Disponível em: <https://www.scielo.br/j/edur/a/wPS3NwLTxtKgZBmpQyNfdVg/?lang=pt>. Acesso em: 12 mar. 2022.

SILVA, M. A. da. **Análise da implantação da escola organizada em ciclos de aprendizagem na rede municipal de Curitiba**: 1997/2004. 224 f. Dissertação (Mestrado em Educação) – Universidade Federal do Paraná, Curitiba, 2006. Disponível em: <https://acervodigital.ufpr.br/handle/1884/6592>. Acesso em: 12 mar. 2022.

SILVA, M. A. da; KUHLKAMP, M. C. Adaptação e flexibilização curricular: breve levantamento bibliográfico. **Caderno Intersaberes**, v. 9, n. 21, p. 164-177, 2020. Disponível em: <https://www.cadernosuninter.com/index.php/intersaberes/issue/view/110>. Acesso em: 16 fev. 2022.

SONZA, A. P. **Ambientes virtuais acessíveis sob a perspectiva de usuários com limitação visual**. 313 f. Tese (Doutorado em Informática na Educação) – Universidade Federal do Rio Grande do Sul, Porto Alegre, 2008. Disponível em: <https://www.lume.ufrgs.br/handle/10183/14661>. Acesso em: 29 dez. 2021.

SOUZA, A. R. de. **A democratização da gestão educacional**. Disponível em: <http://www.gestaoescolar.diaadia.pr.gov.br/arquivos/File/sem_pedagogica/fev_2010/democratizacao_gestao_educacional.pdf>. Acesso em: 19 fev. 2022.

SOUZA, K. R.; KERBAUY, M. T. M. O direito à educação básica nas declarações sobre educação para todos de Jomtien, Dakar e Incheon. **RPGE-Revista online de gestão e política educacional**, Araraquara, v. 22, n. 2, p. 668-681, maio/ago. 2018. Disponível em: <https://periodicos.fclar.unesp.br/rpge/article/view/11679>. Acesso em: 12 dez. 2021.

TONET, I. **Educação, cidadania e emancipação humana**. Tese (Doutorado em Educação) – Universidade Estadual Paulista Júlio de Mesquita Filho, Marília, 2001.

UNESCO – Organização das Nações Unidas para a Educação, a Ciência e a Cultura. **Declaração de Salamanca**: sobre princípios, políticas e práticas na área das necessidades educativas especiais. Salamanca, 1994. Disponível em: <http://unesdoc.unesco.org/images/0013/001393/139394por.pdf>. Acesso em: 18 jan. 2022.

UNICEF – Fundo das Nações Unidas para a Infância. **Declaração Universal dos Direitos Humanos**. 1948. Disponível em: <https://www.unicef.org/brazil/declaracao-universal-dos-direitos-humanos>. Acesso em: 14 jan. 2022.

UNITED FOR THE HUMAN RIGHTS. **A história dos direitos humanos**. Disponível em: <https://www.youtube.com/watch?v=uCnIKEOtbfc>. Acesso em: 19 fev. 2022.

URBAN, T. **1968**: ditadura abaixo. Curitiba: Arte e Letra, 2008.

VALENTE, J. A. A comunicação e a educação baseada no uso das tecnologias digitais de informação e comunicação. **Revista Unifeso – Humanas e Sociais**, v. 1, n. 1, p. 141-166, 2014. Disponível em: <https://www.unifeso.edu.br/revista/index.php/revistaunifesohumanasesociais/article/download/17/24>. Acesso em: 12 mar. 2022.

VASCONCELLOS, C. dos S. **Coordenação do Trabalho Pedagógico**: do projeto político-pedagógico ao cotidiano da sala de aula. São Paulo: Libertad, 2002.

VASCONCELLOS, C. dos S. **Planejamento**: projeto de ensino-aprendizagem e projeto político-pedagógico – elementos metodológicos para elaboração e realização. São Paulo: Libertad, 2005.

VASCONCELLOS, C. dos S. **Planejamento**: projeto de ensino-aprendizagem e projeto político-pedagógico – elementos metodológicos para elaboração e realização. 24. ed. São Paulo: Libertad, 2014.

VEIGA, I. P. A. (Org.). **Projeto político-pedagógico da escola**: uma construção possível. 29. ed. São Paulo: Papirus, 2011.

ZANARDO, L.; VALENTE, M. L. L. C. Família e gênero na contemporaneidade. **Revista de Psicologia da Unesp**, v. 8, n. 2, p. 12-16, 2009. Disponível em: <https://seer.assis.unesp.br/index.php/psicologia/article/view/936>. Acesso em: 29 dez. 2021.

ZANELLA, A. V. et al. Participação dos pais na escola: diferentes expectativas. In: ZANELLA, A. V. et al. (Org.). **Psicologia e práticas sociais**. Rio de Janeiro: Centro Edelstein de Pesquisas Sociais, 2008. p. 132-141.

ZERBATO, A. P. **Desenho universal para aprendizagem na perspectiva da inclusão escolar**: potencialidades e limites de uma formação colaborativa. 298 f. Tese (Doutorado em Educação Especial) – Universidade Federal de São Carlos, São Carlos, 2018. Disponível em: <https://repositorio.ufscar.br/bitstream/handle/ufscar/9896/ZERBATO_Ana%20Paula_2018.pdf?sequence=4&isAllowed=y>. Acesso em: 29 dez. 2021.

Bibliografia comentada

BRUM, E. **A vida que ninguém vê**. Porto Alegre: Arquipélago Editorial, 2006.

Esse é um livro de crônicas-reportagem, vencedor do Prêmio Jabuti 2007 como melhor livro de reportagem. São crônicas reais, baseadas em pessoas comuns, acerca de fatos cotidianos, carregados de sensibilidade, profissionalismo e empatia. Entre os textos dessa obra, sugerimos, em especial, a leitura de "História de um olhar", que trata da inclusão de uma pessoa pelo olhar sensível de uma professora, e "Dona Maria tem olhos brilhantes", sobre a senhora que aprendeu a ler aos 55 anos. Uma das belezas do livro está no fato de que a autora oferece visibilidade a vidas antes desconhecidas, com as quais muitos outros se identificam.

CORTELLA, M. S. **A escola e o conhecimento**: fundamentos epistemológicos e políticos. São Paulo: Cortez/Instituto Paulo Freire, 2006.

Nesse livro, para apresentar os fundamentos da educação, Cortella contextualiza a educação historicamente e analisa os processos de exclusão educacional, bem como a urgência da democratização e da permanência na escola, como sinais de qualidade social. Nesse sentido, alia qualidade e quantidade como necessárias no tratamento das políticas. O autor expõe o conhecimento como construção histórico-social e ferramenta de liberdade, portanto, direito de todos. Dentre outros temas, chamou-nos atenção a seguinte afirmação de Cortella: nós, educadores, temos em nossas mãos "um amanhã sobre o qual não possuímos certezas, mas que sabemos possibilidades" (Cortella, 2006, p. 159).

CORTELLA, M. S. **Família**: urgências e turbulências. São Paulo: Cortez, 2017.

Nesse livro, Cortella aborda o tema família, centrado no cuidado que o mundo adulto precisa destinar aos mais jovens. O autor discute os conflitos que afetam as famílias contemporâneas, as divergências geracionais que influenciam a educação dos filhos. Temas como a necessária autoridade da família, a mudança nas relações devido à urbanização, as relações de trabalho e os impactos no tempo de convívio com os filhos, autoestima, limites, frustração, segurança e mundo virtual são abordados no livro, entre outros de relevância para pensar a educação das novas gerações. Leitura indicada para educadores na família e na escola.

DUBET, F. **O que é uma escola justa?** A escola das oportunidades. Tradução de Ione Ribeiro Valle. São Paulo: Cortez, 2008.

Dubet apresenta, nesse livro, uma importante discussão sobre o que seria uma escola justa, levando em consideração que, além do contexto social desigual, o "jogo escolar é mais propício aos mais favorecidos" (Dubet, 2008, p. 12). Para aprofundar suas análises, entre outros aspectos, o autor aborda os conceitos de justiça e igualdade. O autor aborda o conceito de igualdade em quatro capítulos: a igualdade meritocrática das oportunidades, a igualdade distributiva das oportunidades, a igualdade social das oportunidades e a igualdade individual das oportunidades. Grosso modo, ao discutir cada um desses "elementos" associados à igualdade, o autor reflete sobre as consequências de cada um na consolidação de uma escola mais justa ou injusta. Dessa forma, compreender o conceito de igualdade é importante para que se possa construir uma sociedade e uma escola que "tratem melhor aqueles que têm menos".

GALEANO, E. **De pernas pro ar**: a escola do mundo ao avesso. Porto Alegre: L&PM, 1999.

Utilizando-se de uma metáfora com base na história "Alice no País das Maravilhas", Galeano apresenta o que seria esse mundo ao avesso que Alice veria se aqui estivesse. Um mundo de modelos a não serem seguidos pelos mais jovens, pois são aprendizados que não primam pela conservação da vida ou do planeta. Pelo contrário, prevalece a força invisível do mercado sobre a força visível de muitas vidas. De forma crítica, Galeano trata de muitas das contradições da sociedade que nos possibilitam reflexões importantes sobre a totalidade da qual fazemos parte, por meio de afirmações como: as empresas que mais poluem são aquelas que mais ganham para tratar o meio ambiente; os países que defendem a paz, vendem armas para a guerra; entre outras. Assim, faz todo sentido o título, que trata de uma escola ao avesso!

Respostas

Capítulo 1
Atividades de autoavaliação
1. e
2. c
3. b
4. b
5. d

Atividades de aprendizagem

Questões para reflexão

1. Após a leitura do texto, utilize o quadro sugerido para registrar os conceitos correspondentes a segregação, integração e inclusão. Em seguida, com base nos estudos realizados, discuta com seus colegas de turma sobre as possíveis causas para a coexistência de diferentes formas de inserção dos estudantes com deficiência na escola. Seriam causas de ordem econômica, política ou cultural? Exponha sua opinião e procure fundamentá-la teoricamente.

2. Nesta atividade, é fundamental assistir ao **vídeo** e ler a Declaração Universal dos Direitos Humanos (DUDH). Esse é um conhecimento elementar para quem se compromete com os processos inclusivos na sociedade. Acesse, leia, multiplique e divulgue para outras pessoas. Na elaboração da síntese, procure contemplar a relação entre a DUDH e a educação inclusiva, especialmente no que se refere

à dignidade da pessoa humana.

Capítulo 2

Atividades de autoavaliação

1. a
2. a
3. d
4. b
5. a

Atividades de aprendizagem

Questões para reflexão

1. Para registrar as ideias veiculadas no vídeo, você pode elaborar um quadro, no qual constem entrevistados (pessoas ou instituições que estas representam), o lugar considerado adequado aos estudantes com deficiência e os respectivos argumentos. Depois, você pode transformar esse quadro em um texto na forma de síntese e, ao final, emitir a sua opinião sobre o tema debatido, fundamentando-se em estudos sobre a área.

2. Os livros pesquisados podem ser sugeridos para adoção pela escola na qual atua e, ainda, para a elaboração de um projeto educativo.

Capítulo 3

Atividades de autoavaliação

1. b
2. c
3. b
4. a
5. e

Atividades de aprendizagem

Questões para reflexão

1. Para elaborar seu resumo, leia o texto na íntegra e marque as principais ideias sobre a elaboração da política, destacando aspectos como o conceito de inclusão; outras formas

de inserção do estudante com deficiência na escola regular; e, especialmente, o processo de construção da política, quem eram os sujeitos, instituições, movimentos sociais ou organizações envolvidas, que embates ocorreram e quais as motivações; entre outros aspectos que considerar relevantes.

2. Veja que, no bilhete de convocação, constavam data e horário, mas não se menciona pauta. Assim, falta transparência sobre os assuntos a serem tratados na reunião. Ao final da reunião, todos assinaram uma ata previamente redigida, o que supõe que não houve diálogo com a comunidade presente ou as falas foram ignoradas, pois a ata estava previamente registrada, sendo disponibilizada para assinaturas na saída. Será que houve tempo para leitura do conteúdo escrito? Para responder a segunda pergunta, retome o texto, reflita sobre a gestão democrática e elabore sua resposta, explicando que ações efetivaria para uma reunião pautada no princípio da transparência, a fim de que seu trabalho gerasse confiança por parte da comunidade.

Capítulo 4

Atividades de autoavaliação

1. b
2. b
3. e
4. e
5. d

Atividades de aprendizagem

Questões para reflexão

1. A resposta deve fazer referência às atribuições do professor de AEE, indicando quais seriam as

mais difíceis de realizar. Espera-se que o estudante reconheça a importância de formação continuada na área de educação especial, psicopedagogia ou afins para aprofundar seus conhecimentos a respeito da pessoa com deficiência, transtornos globais do desenvolvimento e altas habilidades/superdotação.

2. A resposta deve indicar quais competências o professor já desenvolveu e quais ainda precisa conquistar. Espera-se que ele reconheça que as tecnologias de informação e comunicação podem favorecer o processo de ensino e aprendizagem; mas, para que isso ocorra, é necessário que o professor conheça as possibilidades de uso e identifique quais tecnologias atenderiam melhor as necessidades dos estudantes e de que forma as TICs podem ser usadas para promover a participação mais ativa dos estudantes da turma. Importante destacar o papel do professor para promover análise crítica dos alunos em relação ao uso das tecnologias.

Capítulo 5

Atividades de autoavaliação

1. d
2. a
3. c
4. b
5. d

Atividades de aprendizagem

Questões para reflexão

1. A resposta deve indicar que, atualmente, encontramos em nossa sociedade diversos arranjos familiares, como família homoafetiva, monoparental, tradicional, dentre outras. Espera-se que o profissional reconheça a importância de respeitar

as diferentes constituições familiares dos estudantes da escola onde atua ou atuará.
2. Espera-se que o professor da criança com deficiência promova momentos de trocas de experiências, como reuniões com os familiares da criança, a fim de juntos contribuírem para a adaptação, o desenvolvimento e a aprendizagem dela.

Capítulo 6

Atividades de autoavaliação

1. c
2. e
3. b
4. c
5. a

Atividades de aprendizagem

Questões para reflexão

1. A resposta deve revelar a falta de mobilidade urbana tornando difícil a circulação das pessoas com deficiência física nos espaços públicos. Acredita-se que o estudante irá revelar as dificuldades encontradas na realização da atividade proposta e apontar algumas mudanças que se fazem necessárias no que se refere à acessibilidade, como: inserção de rampas, espaço adequado para circulação de cadeiras de rodas em lugares estabelecidos, elevador adaptado e eficiente nos meios de transportes públicos etc.
2. Espera-se que o estudante tenha pesquisado sobre a campanha lançada em 2020 pelo Ministério da Mulher, da Família e dos Direitos Humanos, para conhecer os vídeos dos relatos que envolvem o *slogan* "Eu Respeito". Colocar-se no lugar do outro, respeitar as diferenças, ajudar de forma adequada são algumas ações que revelam atitudes positivas.

Sobre as autoras

Mônica Caetano Vieira é mestre em Educação pela Universidade Federal do Paraná (UFPR), pedagoga e psicopedagoga pela Pontifícia Universidade Católica do Paraná (PUCPR). Trabalhou como pedagoga e psicopedagoga em instituições de ensino e foi docente no ensino fundamental (anos iniciais) e no ensino superior (graduação e pós-graduação). Foi coordenadora do Comitê de Inclusão e Acessibilidade no Centro Universitário Curitiba (UniCuritiba). Atualmente, é professora na Escola de Educação do Centro Universitário Internacional Uninter.

Maria Aparecida da Silva é mestre em Educação pela Universidade Federal do Paraná (UFPR), especialista em Psicopedagogia e em Direitos humanos e questão social, ambas pela Pontifícia Universidade Católica do Paraná (PUCPR), e também em Educação Especial e Inclusiva pelo Centro Universitário Internacional Uninter. Graduada em Pedagogia pela Universidade Tuiuti do Paraná, atuou como professora e pedagoga nas redes pública e privada de ensino e, no ensino superior, na formação docente. Atualmente, é pedagoga especializada em Centro Municipal de Atendimento Educacional Especializado na rede municipal de ensino de Curitiba, Paraná.

Impressão:
Março/2022